아하! 바이블 큐브

시즌 3

차례

CONTENTS

부활 주일

나는 부활의 증인이야!

배울 말씀 마태복음 28장 16~20절

새길 말씀 마태복음 28장 19~20절 상반절

활동 1 부활 상징물을 찾아

부활 상징물을 모두 찾아 새길 말씀을 완성해 보세요.

	어	지	할	양	찬	를	와	호	여	다	마	자	는	있	이	흡
	다	과	들	아	와	지	버	아			니	이	명	생	요	호
	할	성	리	자	의	들	자	한	만	오	며	하	니	아	이	
내	렐	령	에		라	이	랑	사	은	일	제	에	중	지	활	
가	루	의	앉	세	게	에	희	너	가	내			그	서	부	라
여	야	이	지	례	분	범	라	하	도	기	고	라		에	는	이
기		름	아	를	부	사		여	하	향	말	니		길	나	심
있		으	니	베	한	에		하	게	을	지	시	니	의	되	이
나	여	로	하	풀	모	감	가	라	키	산	쉬	하	시	들	시	랑
이	호		고	고	든	사	르	쳐	지	가	라	조	하	인	르	사
다	와				것	하	라			내	하	창	라	죄	이	은
나	는	복			을			항	상	기	뻐	를	니	며	서	님
를	나	있	가	태	초	에	하	나	님	이	천	지	느	하	께	나
보	의	는	라	네	믿	음	이	너	를	구	원	하	였	니	수	하
내	목	사	람	은	악	인	들	의	꾀	를	따	르	지	아	예	
소	자	시	니	내	게	부	족	함	이	없	으	리	로	다		
서		너	희	는	가	서	모	든	민	족	을	제	자	로	삼	아

스티커

스티커

스티커

스티커

스티커

마태복음 28장 19~20절 상반절

활동 2 부활 소식을 전해요

우리만의 SNS에 예수님의 부활 소식을 포스팅해 봐요.

핫해핫해빈무덤 24시간 전
역쉬~ 울 예수님 짱 👍👍👍 어떻게 생각해?
답글1
204 0

갈릴리탐정 1시간 전
부활절이 뭐야? 누구 설명해 줄 사람!
답글1
338 0

해피이스터 10분 전
부활절 하면 생각나는 것은?
답글1
137 0

활동 3 어떤 상황에서도 외쳐요

재미있는 동작과 함께 부활 소식을 외쳐 봐요.

환경선교 주일

또 하나의 짝꿍, 자연

배울 말씀 창세기 1장 9~13절
새길 말씀 창세기 1장 11~12절

활동 1 관찰과 분류

새길 말씀에 나오는 풀, 씨 맺는 채소, 씨 가진 열매 맺는 나무를 그림에서 찾고, 각 식물의 색으로 글자들을 써 보세요.

하나님이 이르시되 땅은 풀과 씨 맺는 채소와
각기 종류대로 씨 가진 열매 맺는 나무를 내라 하시니
그대로 되어 땅이 풀과 각기 종류대로 씨 맺는 채소와
각기 종류대로 씨 가진 열매 맺는 나무를 내니
하나님이 보시기에 좋았더라
(창세기 1장 11~12절)

활동 2 자연과 나

은지와 민지가 나누는 대화를 읽고 질문에 답해 보세요.

은지 아니야! 개 아니야. 이호순이야.

민지 아니, 내 말을 들어 봐. 호순이도 개라니까? 개야, 이리 와 봐. 발!

은지 아냐! 이호순, 가지 마! 나도 알아. 그런데 개라고 부르지 마! 얘는 호순이야.
내 동생이란 말이야.

민지 이름을 붙이는 거야 자유지만, 아무리 그래도 개는 개지, 무슨 동생씩이나 되니?

Q1. 은지가 기르는 개의 이름은 무엇인가요?

Q2. 민지는 왜 호순이를 동생이라고 부르는 은지의 대답을 받아들이지 못한 것일까요?

Q3. 반려동물을 어떻게 여기느냐는 사람마다 달라요. 동물은 정말 가족이 될 수 있을까요?

활동 3 이름을 지어요

교회 주변에서 다양한 식물을 찾아 이름을 지어 주고 이름표를 만들어 꽂아 주세요.

1단원

1 마음을 담아

배울 말씀 출애굽기 18장 9~27절
새길 말씀 출애굽기 18장 24~25절 상반절

활동 1 짝꿍의 조언대로

틀린 곳을 올바르게 고쳐서 새길 말씀을 다시 써 보세요.

이에 장인이 자기 모세의 능력을 듣고
그 무리 말대로 하여
장인이 사람들 무리 중에서
모든 있는 이스라엘들을 택하여

(출애굽기 18장 24~25절 상반절)

활동 2 마음을 담아서

퍼즐을 맞춰서 이드로가 모세에게 조언하는 장면을 완성해 보세요.

활동 3 너의 목소리가 들려

친구의 조언을 듣고 그대로 움직여서 도착점까지 가 보세요.

1단원

2 진정한 친구

배울 말씀 사무엘하 15장 30~37절, 17장 14~16절
새길 말씀 사무엘하 15장 37절

활동 1 예루살렘으로 들어가

도착점까지 선으로 이으면서 새길 말씀을 완성해 보세요.

			로	으	롬				찾	로	으		
	도착 ↑		곧	장	브				어	들	읍	산	고
요	라	어	들	아	헤	은	압	고	가	며	성	곧	들
니	더	갔	로	려	이	롬	살	줄	사	후	새	가	를
쥐	람	습	으	람	예	도	→	다	리	구	미	용	리
시	다	니	렘	살	루	망	출발	윗	의	친	척	사	소

(사무엘하 15장 37절)

활동 2 내가 ○○라면?

손가락 인형극을 하며 성경 이야기를 기억해요.

등장인물 다윗 후새 압살롬 아히도벨

〈제1막〉 사무엘하 15장 32~37절

후새는 슬퍼하면서 옷을 찢고 흙을 머리에 덮어쓰고서 다윗에게 나아갔어요.

〈제2막〉 사무엘하 16장 15~19절

후새는 곧장 예루살렘 성으로 들어갔어요.

〈제3막〉 사무엘하 17장 1~14절

압살롬이 다윗을 잡을 계획을 세웠어요.

후새는 다윗에게 사람들을 보내서 아히도벨의 계획을 알리고 도망가라고 했어요.

활동 3 친구야, 도와줘!

다쳐서 움직이지 못하는 친구를 도와주세요.

1단원

3 하나님의 눈으로

배울 말씀	사도행전 16장 1~5절
새길 말씀	사도행전 16장 3절

활동 1 바울과 함께 떠나요

친구들과 함께 신문이나 잡지에서 글자를 찾아 새길 말씀을 완성하세요.

바울이 그를 데리고 떠나고자 할새
그 지역에 있는 유대인으로 말미암아
그를 데려다가 할례를 행하니
이는 그 사람들이
그의 아버지는 헬라인인 줄 다 앎이러라
(사도행전 16장 3절)

활동 2 하나님의 눈으로

하나님의 눈으로 친구의 장점을 찾아 적어 보세요.

이름

활동 3 People Bingo

친구들을 만나 피플 빙고(People Bingo)를 완성해 보세요.

1단원

4 ㅇㄹㅅㅂ & ㅁㄹㅇ

배울 말씀	누가복음 1장 39~45절, 56절
새길 말씀	누가복음 1장 45절

활동 1 복이 있도다

엘리사벳이 마리아에게 어떤 말을 했는지 새길 말씀을 완성해 확인해 보세요.

(누가복음 1장 45절)

활동 2 너랑 나랑 짝꿍!

성경의 네 짝꿍을 기억하면서 성경 이야기 모빌을 만들어 보세요.

활동 3 너랑 나랑 함께!

친구와 힘을 합쳐서
빙고를 완성해요.

2단원

1 네가 무슨 상관이야?

배울 말씀 마가복음 5장 1~20절
새길 말씀 마가복음 5장 8절

활동 1 단어 속 글자 찾기

보기 의 힌트를 보고, 숫자 부분에 들어갈 글자를 찾아 새길 말씀을 완성해 보세요.

이는 예수께서 이미 그에게 이르시기를
더러운 ①□ ②□ 아 그 ③□ ④□ 에게서
⑤□ ⑥□ ⑦□ 하셨음이라
(마가복음 5장 8절)

보기

① : 당나○, ○담아듣다
② : ○문, ○발, 나막○
③ : 주○위, ○과, ○물함
④ : 바○개비, 다○쥐
⑤ : ○무, 개○리
⑥ : 가○리, ○토바이
⑦ : ○디오, ○면, 나○

활동 2-1 내 친구를 알아봐요

기자가 되어 친구를 인터뷰해 보세요.

질문 예

- 이름은? 별명은? 그 이유는?
- 나를 표현할 수 있는 사물이나 동물은? 그 이유는?
- 봄, 여름, 가을, 겨울 중 가장 좋아하는 계절은? 그 이유는?
- 다룰 수 있는 악기는?
- 여행해 보고 싶은 나라는? 그 이유는?
- 배우고 싶은 것은?
- 좋아하는 음식, 또는 지금 먹고 싶은 음식은?
- 지금까지 받은 선물 중 가장 기억에 남는 것은?
- 즐겨 부르는 노래나 좋아하는 가수는?
- 아침에 일어나 가장 먼저 하는 일은?
- 요즘 가장 듣고 싶은 말은?
- 10년 뒤에 가장 하고 싶은 것은?
- 가장 받고 싶은 선물은?
- 오늘이 내 삶의 마지막 날이라면 남기고 싶은 말은?
- 지금 자기 자신에게 해 주고 싶은 말은?

활동 2-2 같은 마음 다른 마음

밸런스 카드로 서로의 마음을 알아봐요.

같은 마음

다른 마음

활동 3 더러운 귀신아, 나와라!

비닐봉지를 이용해 더러운 귀신을 돼지 떼에게로 보내 주세요.

2단원

2 끝까지 간다!

배울 말씀 마가복음 5장 21~23절, 35~43절

새길 말씀 마가복음 5장 36절

활동 1 수레바퀴 암호를 풀어라

〈암호표〉를 이용해 암호를 풀어서 새길 말씀을 완성해요.

예수께서 그 하는 말을 곁에서 들으시고 회당장에게 이르시되
(ㅈ) 쿠텨눠아디 팥조 (ㅅ) 킻시캉 바차 하시고

(마가복음 5장 36절)

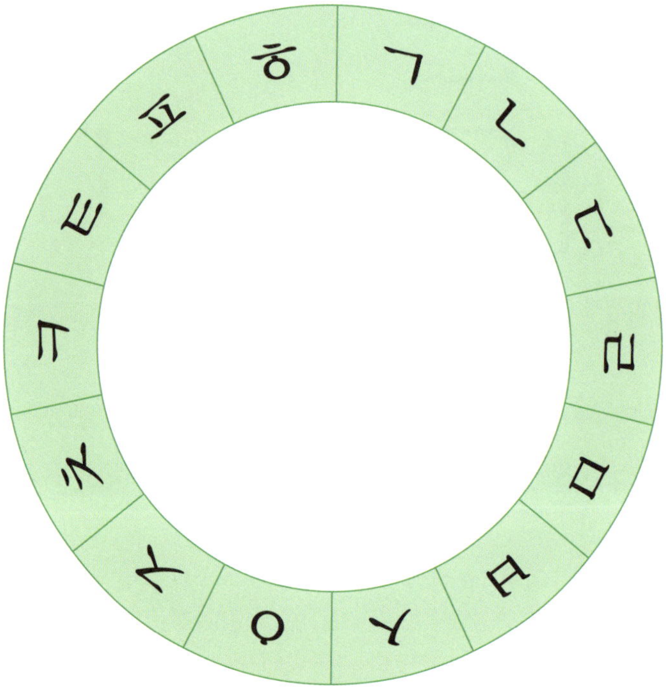

활동 2 주사위 말씀 놀이판

주사위를 굴려서 도착점까지 먼저 가요.

출발			오른쪽 사람 안마하기		왼쪽 사람 심부름 하기				
								아래로 두 칸 ↓	
오른쪽 사람 칭찬하기	오른쪽으로 두 칸 →			왼쪽으로 두 칸 ←			박수 세 번 하기		
			위로 두 칸 ↑						
				왼쪽으로 세 칸 ←		오른쪽 사람 말과 위치 바꿈		오른쪽으로 한 칸 →	
위로 두 칸 ↑							왼쪽으로 두 칸 ←		
			턱으로 이름 쓰기		위로 한 칸 ↑			새길 말씀 읽기	
선생님 성대모사 하기			아래로 두 칸 ↓						"예수님!" 큰 소리로 부르기
	오른쪽 사람 말과 위치 바꿈				왼쪽으로 두 칸 ←				
								위로 두 칸 ↑	도착

활동 3 두려워하지 말고 믿기만 해라!

눈을 감은 채 뒤로 넘어지는 사람을 받아 주는 트러스트 폴(Trust fall)을 해 보세요.

2단원

3 지붕 뚫고 스마일

배울 말씀 누가복음 5장 17~20절, 25~26절
새길 말씀 누가복음 5장 20절

활동 1 단어 만들기

단어의 자음과 모음을 다시 조합해서 새길 말씀을 완성해 보세요.

예 라상 ➡ ㄹ ㅏ ㅅ ㅏ ㅇ ➡ ㄹ과 ㅅ을 바꾸면 ➡ ㅅ ㅏ ㄹ ㅏ ㅇ ➡ 사랑

예수께서 그들의 믿음을 보시고 이르시되

이 라맛아 네 죄 하삼을

받았느니라 하시니

(누가복음 5장 20절)

활동 2 지붕을 뚫어라!

오늘 배운 성경 이야기를 입체 그림으로 만들어 봐요.

활동 3 힘을 합쳐 마음을 맞춰

친구들과 힘을 합쳐 고무줄로 종이컵을
옮겨 보세요.

2단원

4 예!수! 크로스!

배울 말씀 요한복음 21장 5~14절
새길 말씀 요한복음 21장 11절

활동 1 숫자를 맞혀라!

숫자 야구 게임을 해서 빈칸에 들어갈 숫자를 맞혀 보세요.

34 = 숫자(X), 자리(X) 2out 85 = 숫자(1), 자리(X) 1B 59 = 숫자(X), 자리(X) 2out 78 = 숫자(1), 자리(1) 1S 21 = 숫자(1), 자리(1) 1S	+	179 = 숫자(1), 자리(1) 1S 578 = 숫자(1), 자리(X) 1B 346 = 숫자(X), 자리(X) 3out 238 = 숫자(1), 자리(X) 1B 426 = 숫자(1), 자리(1) 1S 571 = 숫자(2), 자리(x) 2B	=	

시몬 베드로가 올라가서 그물을 육지에 끌어 올리니
가득히 찬 큰 물고기가 ______ 마리라
이같이 많으나 그물이 찢어지지 아니하였더라
(요한복음 21장 11절)

활동 2 배 오른편에 그물을 던져라!

입체 그림을 만들어서 물고기로 가득한 그물을 끌어 올려 보세요.

활동 3 움직이는 물고기

보드 마커로 물고기를 그려 물에 떠다니게 해 보세요.

3단원

1 마음을 드려요

배울 말씀 마가복음 14장 3~9절
새길 말씀 마가복음 14장 8~9절

활동 1 말씀과 가까이

도형으로 되어 있는 암호를 풀어 새길 말씀을 완성하세요.

	○	□	△	☆	♡
빨강	반	본	은	몸	녕
주황	가	례	부	수	유
노랑	도	지	비	무	을
초록	긴	향	힘	이	비
파랑	준	강	안	어	장

그는 △을 다하여
내 ☆에 □♡를 부어
내 ♡□를 미리
○♡ 하였느니라
(마가복음 14장 8절)

활동 2 마리아처럼!

향유 옥합에 담긴 마리아의 마음을 찾아보세요.

내가 가진 것 중에 무엇이 예수님을 향한 나의 사랑을 표현할 수 있을까요?
왜 그것으로 마음을 표현하고 싶나요?

활동 3 마음을 부어요

향유 옥합에 우리 마음을 넘치게 채워 봐요.

3단원

2 잘못된 기대를 버려요

배울 말씀 마태복음 26장 14~16절, 27장 3~8절

새길 말씀 마태복음 26장 16절

활동 1 가룟 유다의 잘못

그림을 보고 숨겨진 단어를 찾아 새길 말씀을 완성해요.

(마태복음 26장 16절)

활동 2 올바로 알아요

말씀을 기억하며 가로세로 낱말 퍼즐을 풀어 봐요.

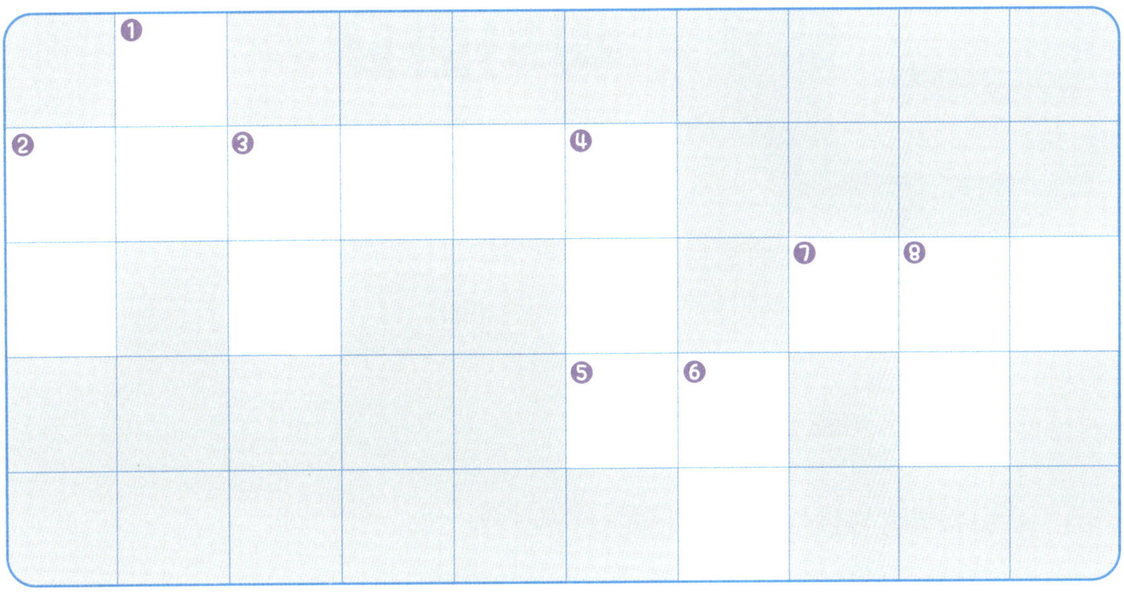

가로 문제

❷ 인간의 몸을 입고 이 땅에 오신 하나님의 아들은 누구일까요? ○○ ○○○○

❺ 손이나 눈으로 느껴지는 물건의 표면 상태를 의미해요. 예 종이와 사포의 ○○은 달라요.

❼ 예수님은 여기에 달려 돌아가셨어요. 예수님을 상징하는 대표적인 물건으로, 대부분의 교회 꼭대기에 세워져 있어요. 이것은 무엇일까요?

세로 문제

❶ 복수하고 싶을 정도로 자신에게 해를 끼친 사람이나 집단을 가리키는 말이에요. 예수님은 이 사람들까지 사랑하라고 가르치셨어요(마 5:44).

❷ 하나님을 경배하는 행위로, 주로 주일에 교회에 가서 이것을 드려요.

❸ 물고기를 잡을 때 쓰는 도구예요. 베드로는 예수님 말씀에 순종해 이것으로 물고기 153마리를 잡았어요(요 21:6).

❹ 남의 물건을 훔치거나 빼앗는 행위를 말해요. 예수님이 돌아가신 후 무덤에 계실 때, 대제사장들과 바리새인들은 예수님의 제자들이 그의 시신을 이것할까 봐 지키라고 했어요(마 27:64).

❻ 고맙게 여기는 마음을 말해요. 예수님은 떡과 포도주를 제자들과 나누기 전에 ○○ 기도를 하셨어요.

❽ 누군가를 아주 많이 사랑하고 동시에 불쌍히 여기는 마음이에요.
예 ㅈㅂ, 주의 ㅈㅂ가 내려와

활동 3 말씀에 집중해요

귀 기울여 잘 듣고 말씀대로 따라 해 보세요.

3단원

3 겸손하게 예수님을 바라봐요

배울 말씀 마태복음 26장 33~35절, 69~75절

새길 말씀 마태복음 26장 75절

활동 1 베드로는 회개했어요

그림 힌트를 보고 새길 말씀을 완성해 보세요.

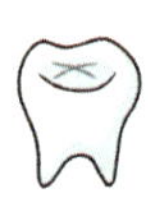에 베드로가 예수의 씀에

 울기 에 네가  번 나를 부인하리라

하심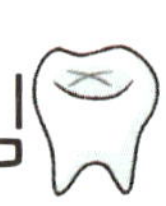 생각나서 밖에 나가서

심히 곡하니 

(마태복음 26장 75절)

활동 2 말씀을 기억해요

오늘 배운 말씀을 기억하며 그림의 순서를 올바로 맞춰 봐요.

❶ ❷ ❸

이야기의 흐름에 맞게 그림의 번호를 순서대로 적어 보세요.

(   ) ➡ (   ) ➡ (   )

활동 3 예수님 품으로!

탁구공을 불어서 예수님 품으로 빨리 돌아가요.

3단원

4 호산나! 어린 나귀를 타셨어요

배울 말씀 마가복음 11장 1~11절
새길 말씀 마가복음 11장 9~10절

활동 1 어린 나귀 타신 예수님

칠교놀이 조각으로 그림을 완성해 빈칸을
채워 보세요.

①

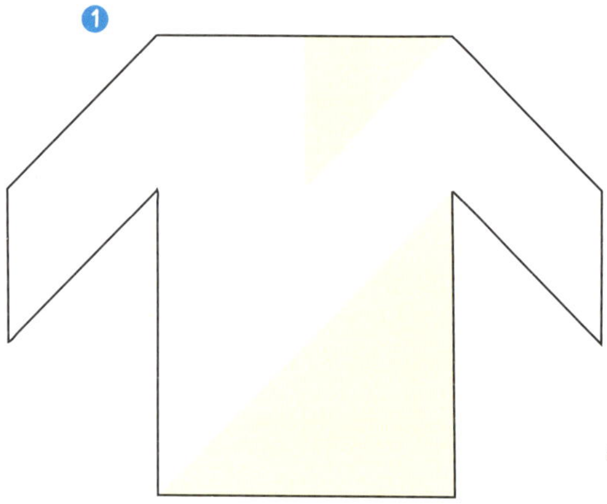

②

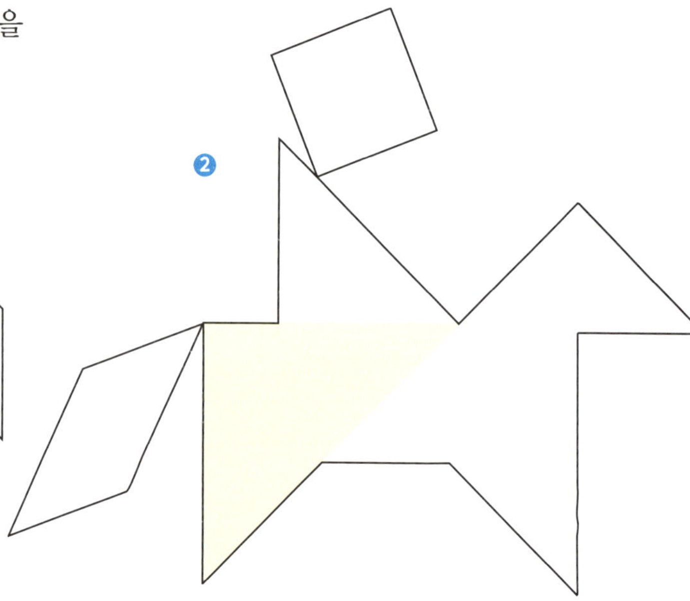

앞에서 가고 뒤에서 따르는 자들이 소리 지르되
① ○○○ ○○○○○○
주의 이름으로 오시는 이여 찬송하리로다
오는 우리 ② ○○ ○○○ ○○여
가장 높은 곳에서 호산나 하더라

(마가복음 11장 9~10절)

활동 2 예루살렘으로!

미로에서 예루살렘으로 가는 길을 찾아요.

활동 3 연약한 나를 사용하셨어요

나귀 머리띠를 만들어 쓰고 예수님을 태운 어린 나귀의 마음을 느껴 봐요.

나에겐 이런 연약함이 있어요	하지만 예수님은 이렇게 채워서 사용하세요
불안과 두려움이 많아요. / 화를 참기 힘들어요. 누군가가 밉고 싫어요. / 부정적인 생각이 많아요. 다른 사람들보다 더 많이 가지고 싶어요. 부끄러움이 많아요. / 집중력이 약해요. 말을 잘 못해요. / 짜증이 많아요. 게을러요. / 쉽게 포기해요.	용기를 주세요. / 담대함을 주세요. 온유한 마음을 주세요. / 사랑을 채워 주세요. 기쁨을 주세요. / 감사를 주세요. 평안한 마음을 주세요. / 오래 참는 마음을 주세요. 하나님으로 충분함을 알게 해 주세요.

4단원

1 그리스도인과 십자가

배울 말씀 마태복음 27장 21~26절, 33~37절

새길 말씀 갈라디아서 6장 14절

활동 1 글자 잇기

새길 말씀을 따라 글자를 색칠해 보세요.
어떤 그림이 드러나나요?

총	독	이	대	답	하	여	이	르	되	둘	중	의
누	구	를	너	희	에	게	놓	아	주	기	를	원
하	느	냐	이	르	그	러	나	되	바	라	바	로
소	이	다	빌	라	박	히	내	도	가	이	르	되
그	러	면	그	리	못	고	게	스	도	라	하	는
예	수	십	자	가	에	내	는	우	리	주	를	내
가	어	여	예	수	님	가	십	자	가	예	떻	게
하	랴	하	대	를	나	또	스	리	그	수	그	들
이	다	이	르	되	이	한	도	십	자	가	에	못
박	혀	야	겠	나	상	세	의	이	다	빌	라	도
가	이	르	되	어	세	상	십	찜	이	냐	무	슨
악	한	일	을	하	아	을	자	였	느	냐	그	들
이	더	욱	소	리	암	대	가	질	러	이	르	되
십	자	가	에	못	미	하	외	박	혀	야	하	겠
나	이	다	하	는	말	여	에	지	라	빌	라	도
가	아	무	성	과	로	그	결	도	없	이	도	리
어	민	란	이	나	도	러	코	려	는	것	을	보
고	물	을	가	져	스	하	자	다	가	무	리	앞
에	서	손	을	씻	리	니	랑	으	며	이	르	되
이	사	람	의	피	그	라	할	에	대	하	여	나
는	무	죄	하	니	니	.	것	너	희	가	당	하
라	백	성	이	대	으	없	이	답	하	여	이	르
되	그	피	를	우	리	와	우	리	자	손	에	게
돌	릴	지	어	다	하	거	늘	이	에	바	라	바

활동 2 예수님 이야기

이야기 카드를 한 장 고르고, 주어진 질문에 답해 보세요. 그리고 친구에게 내가 알고 있는 예수님 이야기를 전해 주세요.

어디에서 일어난 일인가요?	
등장인물은 누구인가요?	
어떤 대화를 주고받았나요?	
예수님은 어떤 일을 하셨나요?	
대화 상대는 어떤 변화를 경험했나요?	
이 이야기에 제목을 붙여 주세요.	이야기 카드에 직접 적어요.

활동 3 이야기 십자가

예수님 이야기를 떠올릴 수 있는 나만의 십자가를 만들어 봐요.

4단원

2

요시야와 율법책

배울 말씀 열왕기하 22장 1~5절, 13절, 23장 1~3절

새길 말씀 열왕기하 23장 3절

활동 1 연속 말하기

릴레이 게임을 하면서 새길 말씀을 익혀 보세요.

활동 2 요시야 이야기

잃어버린 말씀을 찾은 요시야에게
어떤 일이 일어났을까요?
그림을 보고 설명을 들으며
요시야의 개혁에 대해 알아봐요.

활동 3 성경 내비게이션

말씀에는 우리가 가야 할 방향이 적혀 있답니다. 성경책에서 직접 찾아 확인해 보세요.

출발	→	→	→	겔 20:37	→	→	마 22:44	→	→	시 61:4	→	→	↓
↓	↑	↓	↑	↓	↑	↓	↑	↓	↑	↓	↑	↓	↑
→	출 14:16	←	←	시 121:5	→	→	왕하 2:1	→	→	삼하 24:5	→	→	욥 38:16
↑	↓	↑	↑	↓	↑	↑	→	↑	↑	↓	↑	↑	↓
→	↓	→	→	↓	→	→	↑	→	→	↓	→	→	↓
→	슥 2:1	←	←	←	←	←	왕하 6:26	←	←	레 14:27	→	→	도착

4단원

3 삼손과 머리털

배울 말씀 사사기 16장 4~31절
새길 말씀 사사기 16장 17절

활동 1 소라 미용실

민성이의 앞머리가 너무 길어서 앞이 보이지 않을 지경이에요. 새길 말씀만 남기고 깔끔하게 다듬어 주세요.

활동 2 나실인의 규칙 OX

OX 퀴즈를 풀면서 나실인에 대해 함께 이야기해 봐요.

포도주 마시기 (   )

샘물 마시기 (   )

머리 묶기 (   )

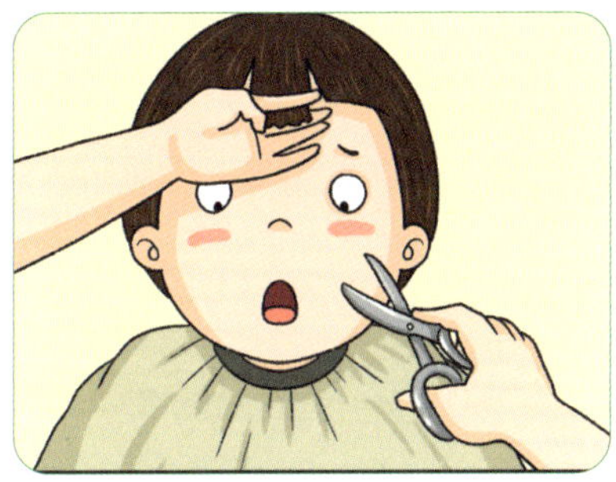

앞머리 다듬기 (   )

벌집에 있는 꿀 먹기 (   )

죽은 사자 몸에 있는 꿀 먹기 (   )

활동 3 하나님이 주신 힘으로

삼손이 다곤 신전의 기둥을 무너뜨린
장면을 재현해 보세요.

4 세례 요한과 낙타털 옷

배울 말씀	마태복음 3장 1~12절
새길 말씀	마태복음 3장 4절

활동 1 단어 맞히기

초성 힌트를 보고 원래의 단어를 맞혀서 새길 말씀을 완성해 보세요.

이 ㅇㅎ은 ㄴㅌㅌ ㅇ을 입고
ㅎㄹ에 ㄱㅈ 띠를 띠고
ㅇㅅ은 ㅁㄸㄱ와 ㅅㅊ이었더라
(마태복음 3장 4절)

활동 2 남들과 구별된 삶

세례 요한처럼 구별된 삶을 살기 위해 우리는 어떤 행동들을 할 수 있는지 함께 생각해 봐요.

활동 3 세례 요한 보드게임

낙타를 타고 세례 요한의 길을 따라 걸어 볼까요?

5단원

1 소망을 물어 올 때까지

배울 말씀 창세기 8장 1~19절
새길 말씀 창세기 8장 11절

활동 1 순서대로 맞춰요

뒤죽박죽 글자들을 올바른 순서로 맞춰서 적어 보세요.

때 저 에 녁	기 들 가 비	로 그 에 게	는 아 왔 데 돌
↓	↓	↓	↓
저녁때에			

입 그 에	나 감 무 람	사 귀 새 잎 가	지 는 있 라
↓	↓	↓	↓

이 에 노 가 아	에 땅 물 이	줄 줄 을 어 든	며 았 으 알
↓	↓	↓	↓

활동 2 비둘기 단어 퍼즐

문제를 모두 푼 다음 비둘기 단어 퍼즐에서 답을 찾아보세요.

❶ 하나님의 명령을 따라 커다란 배를 만든 사람의 이름은? (두 글자)

❷ 밤낮으로 며칠 동안 비가 왔나요?

㉠ 4일 ㉡ 40일 ㉢ 400일 ㉣ 4,000일

❸ 세상에 가득 찬 물 위를 떠다니다가 처음으로 부딪힌 산의 이름은?

ㅇㄹㄹ산 ⇨

❹ 물이 줄어들었는지 알아보기 위해 가장 먼저 날려 보낸 새는? (세 글자)

❺ 두 번째로 날려 보낸 새의 이름은? (세 글자)

❻ 비둘기가 입에 물고 온 것은 어떤 나무의 잎사귀였나요? ㄱㄹ나무 ⇨

❼ 힘들고 어려운 순간에도 우리에게 기쁨과 소망을 주시는 분은 누구인가요? (세 글자)

									야	무			
								총	각	무			
						나	람	감	나	비			
수	어				산	속	가	람	나				
악	까	지			삼	랏	감	나	무				
마	머	가		마	사	쟈	라	뮈					
	귀	마	까	치	저	끼	코	아					
	마	구	마	구	코	뿔	쇼	양					
		방	구	소	뿔	코	끼					기	
		송	나	하	나	임	끼	일	비	둘	구	둘	
		국	기	나	라	님	십	리	구	너	구	비	밀
				님	판	사	자		가	노	아	멘	
											라	면	
											라	공	
											무		

활동 3 방주 여행을 떠나요

방주에 탄 노아와 가족들의 이야기를 돌림판 그림으로 만들어 봐요.

5단원

2 도움이 필요해

배울 말씀 열왕기상 17장 1~7절
새길 말씀 열왕기상 17장 4절

활동 1 빛나는 말씀

광야로 도망친 엘리야에게 하나님이 하신 말씀은 무엇일까요? 교재를 기울여 확인해 보세요.

ㄱ

활동 2 삼각형을 찾아라

각각의 그림에서 삼각형을 모두 찾아보세요.

활동 3 까마귀, 네가 필요해!

직접 까마귀가 되어서 사람들에게 필요한 것을 채워 주세요.

5단원

3 바다 깊숙한 곳에서

배울 말씀 요나 1장 1~17절
새길 말씀 요나 1장 17절

활동 1 바닷속 말씀

물고기 퍼즐을 맞추며 말씀을 기억해요.

활동 2 무엇이 달라졌을까

요나 이야기 그림에서 서로 다른 곳을 모두 찾아보세요.

#

별명

#

별명

#

별명

#

별명

활동 3 요나를 삼켜라!

요나를 삼킨 물고기가 되어 놀이해 봐요.

5단원

4 사자보다 강한 것은?

배울 말씀 다니엘 6장 10~23절
새길 말씀 다니엘 6장 16절

활동 1

암호 속의 외침

암호를 풀어 숨겨진 글자를 찾아봐요.

암호 풀이표

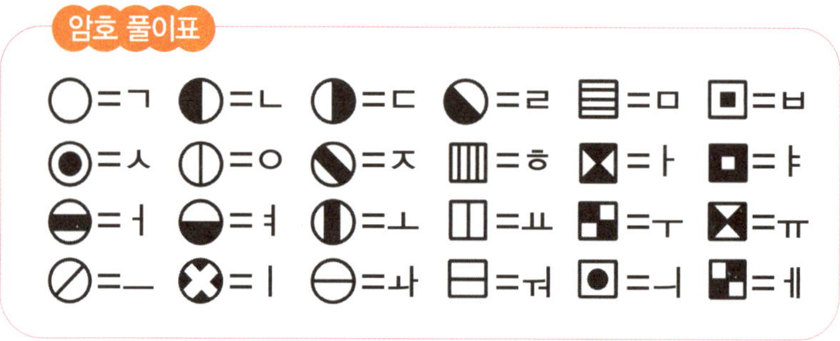

이에 왕이 ______ ______ 하매

______ ______ ______ 을 끌어다가

______ ______ ______ 에 던져 넣는지라

______ 이 다니엘에게 이르되

네가 항상 ______ ______ ______

너의 ______ ______ ______ 이

너를 ______ ______ 하시리라 하니라

(다니엘 6장 16절)

활동 2 사자의 입을 막아라

움직이는 사자를 만들고, 사자의 입을 막는 위대한 기도문을 써 봐요.

활동 3 다니엘을 지켜라

천사가 되어 다니엘 풍선을 지켜 주세요.

6단원

1 달라진 나의 새로운 이름

배울 말씀 창세기 12장 1~4절, 17장 1~9절
새길 말씀 창세기 17장 5절

활동 1

아브라함의 시간을 따라

시곗바늘이 가리키는 글자를 찾아 말씀을 완성해요.

보기

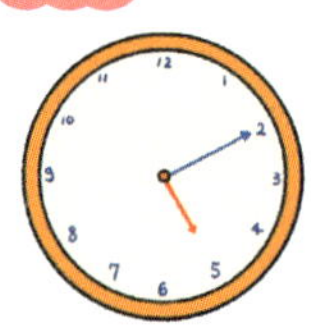

➡ 민족 | 의

(짧은 바늘 5 : 민족 / 긴 바늘 2 : 의)

❶ 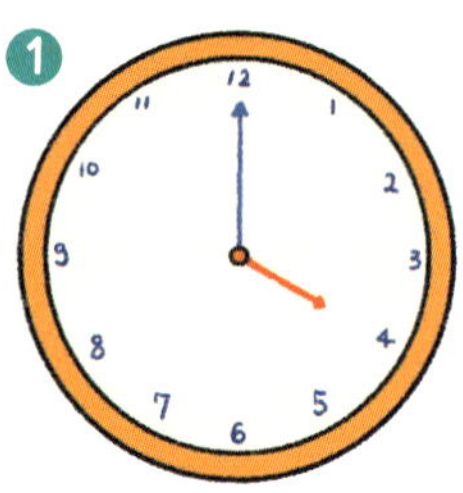

❷ 

❸ 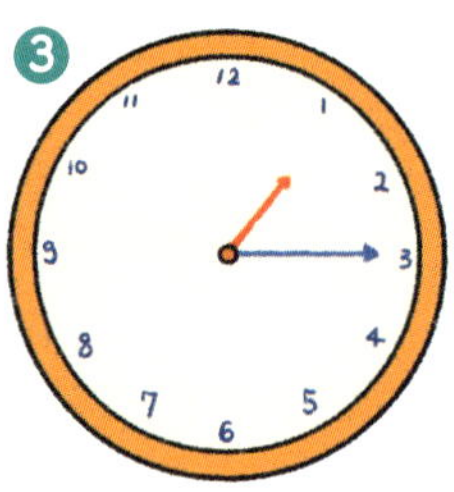

❹ 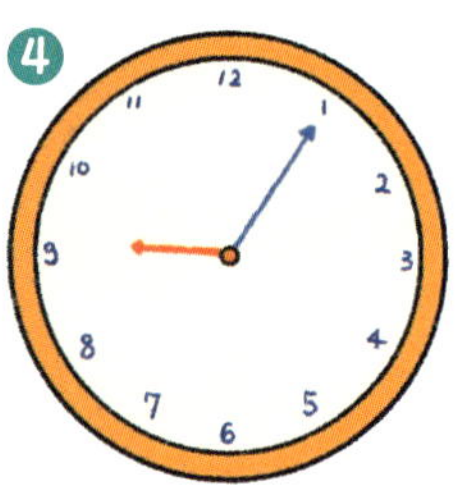

힌트표

짧은 바늘	1	2	3	4	5	6	7	8	9	10	11	12
	너	아브람	이제	이름	민족	그	여러	후	아버지	네	아브라함	내
긴 바늘	1	2	3	4	5	6	7	8	9	10	11	12
	가	의	를	이	에게	이라	로서	는	부터	로는	은	을

이제 후로는 네 ❶ [ ][ ] 아브람이라 하지 아니하고
❷ [ ][ ] 하리니 이는 내가 ❸ [ ][ ]
여러 민족의 ❹ [ ][ ] 되게 함이니라

(창세기 17장 5절)

활동 2 단어를 찾아라

〈끝말잇기표〉를 이용해 문제들을 풀면서 말씀을 기억해요.

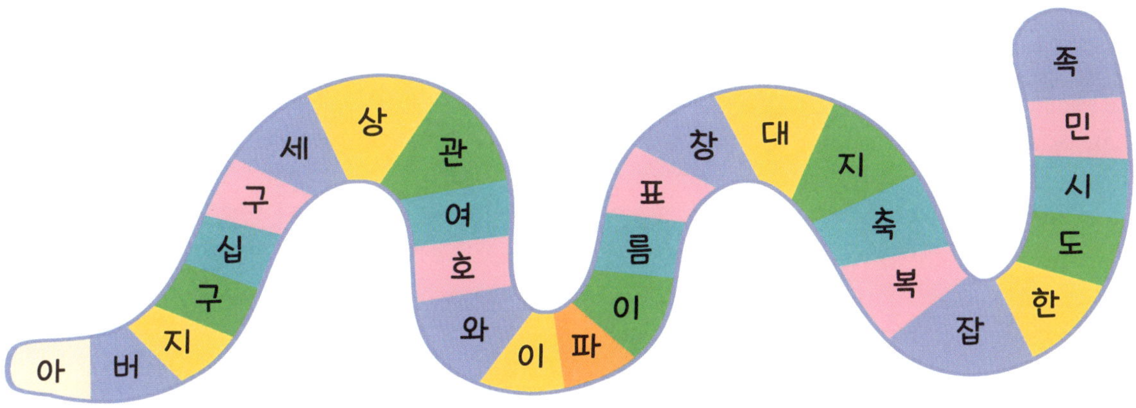

내가 찾은 단어들

활동 3 풍선 플래너

풍선을 이용해 짝꿍의 동작을 따라 해 봐요.

6단원

2 두려워하지 마, 이스라엘!

배울 말씀 창세기 32장 24~30절
새길 말씀 창세기 32장 28절

활동 1 낱말 씨름

씨름에서 이긴 낱말들을 찾아 빈칸에 알맞게 넣어 보세요.

그가 이르되

네 [　　　]을 다시는 [　　　]이라 부를 것이 아니요

[　　　　　]이라 부를 것이니

이는 네가 하나님과 및 사람들과 [　　　　]이겼음이니라

(창세기 32장 28절)

활동 2 얍복 나루 배 만들기

퍼즐 조각을 맞춰서 배 안에 숨겨진 글자를 찾아보세요.

활동 3 Before vs After 사진 찍기

나의 변화된 모습을 사진으로 찍어 봐요.

6단원

3 나는 반석이 될 거야

배울 말씀 마태복음 16장 13~19절

새길 말씀 마태복음 16장 18절

활동 1 반석 미로

미로를 통과하면서 새길 말씀을 완성해요.

또 내가 네게 이르노니 너는 베드로라

내가 이 [ ] 위에 내 [ ] 를 [ ]

음부의 권세가 이기지 못하리라

(마태복음 16장 18절)

활동 2 OX 색칠하기

오늘 배운 말씀을 기억하며 OX 퀴즈를 풀어 봐요.

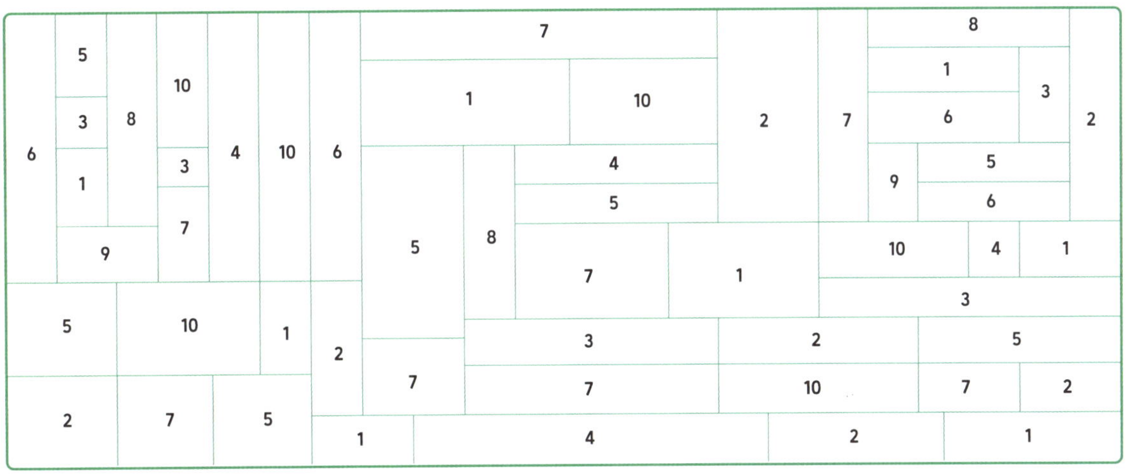

1. 오늘 말씀은 예수님과 세례 요한 사이의 대화이다. (　　　)
2. 오늘 말씀은 마가복음 16장에 기록된 말씀이다. (　　　)
3. 예수님은 "사람들이 인자를 누구라 하느냐."라고 물으셨다. (　　　)
4. 사람들은 예수님을 세례 요한, 더러는 엘리야, 어떤 이는 예레미야나 선지자 중의 하나라고 오해했다. (　　　)
5. 제자 시몬 역시 예수님이 예레미야나 선지자 중의 하나라고 생각했다. (　　　)
6. 제자 시몬은 예수님의 질문에 "주는 그리스도시요 살아 계신 하나님의 아들이시니이다."라고 대답했다. (　　　)
7. 제자 시몬의 신앙고백을 들은 예수님은 크게 꾸중하셨다. (　　　)
8. 제자 시몬의 신앙고백을 들은 예수님은 "내가 이 반석 위에 내 교회를 세우리니 음부의 권세가 이기지 못하리라."고 말씀하셨다. (　　　)
9. 베드로는 '바위', '든든한 반석'이라는 뜻이다. (　　　)
10. 오늘 말씀에 나오는 시몬과 베드로는 서로 다른 사람이다. (　　　)

활동 3 반석으로 아름다워지는 교회

작은 돌멩이로 교회를 아름답게 꾸며 봐요.

6단원

4 예수님의 이름들

배울 말씀 요한복음 4장 13~15절, 23~26절

새길 말씀 사도행전 5장 42절

활동 1 대사 퍼즐

예수님을 만난 세 사람의 말을 모두 합쳐 보세요.

그	들		✿		마		✿				✿	있	든
지	✿	집		✿		든		✿			는	✿	
			라	고	✿				기		✿		
	기	를	✿	그	치		✿	아	니		니	라	✿

사마리아 여인

베드로

(   )

활동 2 이름 사다리

사다리 타기를 하면서 예수님의 다른 이름을 찾아봐요.

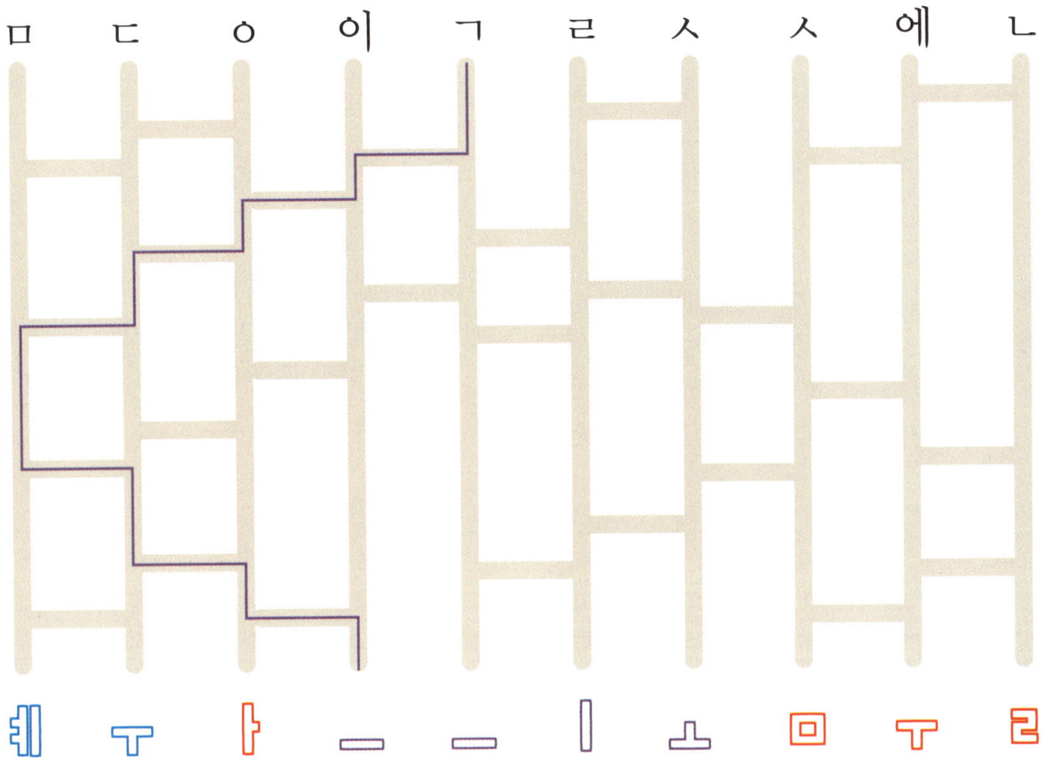

활동 3 이름 연결 놀이

예수님의 이름과
우리 이름을
연결해 봐요.

						하					
							나				
								님			
									의		
임					예	수				아	
마											들
누											
엘											
				그	리	스	도				

만들기 방법

(87~110쪽)

만들기 1

❶ 1–1을 뜯어 접는 선대로 모두 계곡접기를 한 후 흰색 화살표가 있는 곳을 90도로 꺾으면서 돌출 부분을 구멍에 끼워 넣는다. 나머지 돌출 부분들도 모두 같은 방법으로 끼워 액자를 완성한다. 이때 옆면 모서리에 있는 반원은 안쪽으로 들어가게 집어넣는다. 모서리 대각선 부분을 투명 테이프로 고정하면 더 견고하게 만들 수 있다.

❷ 1–2를 접는 선대로 접은 후 다시 편다. ★ 부분에 풀칠하여 1–1 뒷면에 있는 테두리에 맞춰 붙인다.

❸ 1–3(4개)을 모두 뜯은 다음 부록 스티커에 있는 짝 이름 스티커를 각각 붙인다. 단원 요절 말씀 순서대로 나열되도록 놓는다.

❹ 첫 번째 짝 그림을 1–1의 ①번 구멍에 끼운다. 나머지도 차례대로 ②, ③, ④번 구멍에 끼운다.

❺ 1–2의 반원 부분을 90도 이상 세우고 양쪽을 수직으로 꺾어 세우면서 노란색 화살표 부분에 고정해 액자를 세운다.

❻ 완성한 액자를 벽에 걸려면 1–4를 붙여서 사용한다.

만들기 2

❶ 2–1을 뜯어 액자를 완성하고 2–2를 뒷면에 붙인다.

❷ 2–3을 풀칠하여 액자 안 ⬟ 부분에 붙인다.

❸ 2–4a를 접어 납작한 직육면체를 만든 후 2–4 뒷면에 붙이고 액자 안 ★ 부분에 붙인다.

❹ 2–5, 2–6, 2–7도 같은 방법으로 액자에 순서대로 붙인다.

❺ 완성한 액자를 벽에 걸려면 2–8을 붙여서 사용한다.

만들기 3

❶ 3–1을 뜯어 액자를 완성하고 3–2를 뒷면에 붙인다.

❷ 3–3을 뜯어 십자가 옆면을 모두 90도로 꺾어 준다.

❸ ▲ 부분과 ★ 부분을 붙여서 십자가를 완성한 후 액자 안 ● 부분에 붙이고 십자가를 위아래로 움직이며 구멍에 잘 끼워지는지 확인한다.

❹ 3–4를 ①번 구멍에, 3–5를 ②번 구멍에 맞춰 끼운다.

❺ 십자가를 위아래로 움직이며 요절 말씀을 확인한다.

❻ 완성한 액자를 벽에 걸려면 3–6을 붙여서 사용한다.

만들기 4

❶ 4–1을 뜯어 액자를 완성하고 4–2를 뒷면에 붙인다.

❷ 4–3을 뜯어 액자 안 ● 부분에 붙인다.

❸ 4–4를 접는 선대로 접어 삼손의 배꼽 부분이 튀어나오게 한다.

❹ 4–4 ▲★ 부분에 풀칠하여 4–5와 4–6을 순서대로 붙인다. 이때 서로 겹치지 않도록 주의한다. 4–4를 접었다 폈다 하면서 잘 움직이는지 확인한다.

❺ 4–7과 4–8을 4–4에 붙인 후 ■ 부분을 액자 안에 붙인다.

❻ ▲ 부분을 풀칠하고 4–4를 완전히 접은 후 4–3을 덮으면서 붙인다.

❼ 4–3의 손잡이를 좌우로 움직이며 요절 말씀을 확인한다.

❽ 완성한 액자를 벽에 걸려면 4–9를 붙여서 사용한다.

만들기 5

❶ 5–1을 뜯어 액자를 완성하고 5–2를 뒷면에 붙인다.

❷ 5–3a를 접어 직육면체를 만든 다음 5–3 뒷면에 붙인 후 액자 안 ● 부분에 붙인다. 5–4도 같은 방법으로 붙인다.

❸ 5–5를 뜯어 ★ 부분을 서로 붙인다. ★ 부분을 모두 안쪽으로 접은 다음 흰색 화살표 부분을 액자 안 요절 말씀 위의 구멍에 끝까지 집어넣은 후 ★ 부분을 다시 펴 준다. 이때 새의 상하 방향이 바뀌지 않도록 주의한다.

❹ 5–6을 접어 ✸ 부분을 서로 붙인 후 5–6 틈 사이로 5–5 손잡이 부분을 통과시킨다.

❺ 5–5 파란색 줄이 그려진 부분을 접고 5–6 ✸ 부분을 5–1 뒷면에 붙인다. 5–5 손잡이를 화살표 방향으로 뺐다가 집어넣으며 새가 잘 움직이는지 확인한다.

❻ 완성한 액자를 벽에 걸려면 5–7을 붙여서 사용한다.

만들기 6

❶ 6–1을 뜯어 액자를 완성하고 6–2를 뒷면에 붙인다.

❷ 6–3을 모두 뜯고 6–4를 접어서 뒷면에 각각 붙인다. ● 부분을 붙일 때 한쪽을 먼저 붙인 후 중간을 접어 나머지 부분을 붙인다.

❸ 6–5를 모두 뜯은 후 6–3에서 각각 짝을 찾아 끼운다. 이때 ★ 부분을 안쪽으로 접은 다음 글자가 보이도록 구멍에 끼운 후 ★ 부분을 다시 펴 준다.

❹ 각각의 인물을 요절 말씀 순서대로 나열한 후 액자 안 ● 부분에 왼쪽부터 순서대로 붙인다. 이름 카드(6–5)를 넣었다 빼면서 새로운 이름을 확인한다.

❺ 완성한 액자를 벽에 걸려면 6–6을 붙여서 사용한다.

환경선교주일 • 7쪽

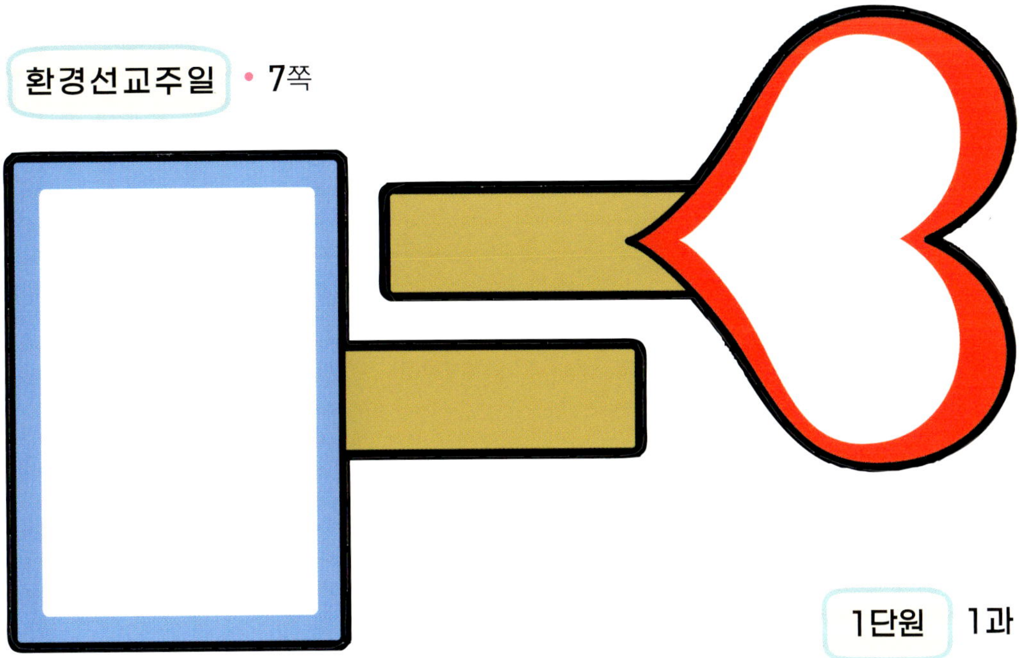

1단원 1과 • 9쪽

1단원 4과 • 15쪽

2단원 1과 • 17쪽

1	2	3	4	5
여름에 에어컨 없이 살기	평생 핸드폰 없이 살기	미지근하지만 탄산 있는 콜라	일주일 동안 머리 안 감기	화장실은 있고 휴지는 없음
VS	VS	VS	VS	VS
겨울에 보일러 없이 살기	평생 친구 없이 살기	시원하지만 탄산 없는 콜라	일주일 동안 양치 안 하기	화장실은 없고 휴지는 있음

6	7	8	9	10
무 없는 치킨	평생 라면 안 먹기	사막 한가운데서 살아남기	전화는 되는데 카톡은 안 됨	부자이지만 행복하지 않은 삶
VS	VS	VS	VS	VS
피클 없는 피자	평생 탄산 안 먹기	바다 한가운데서 살아남기	카톡은 되는데 전화는 안 됨	가난하지만 행복한 삶

2단원 2과 • 18쪽

2단원 2과 • 19쪽

예수님께서 회당장에게
하신 말씀입니다.

(ㅈ) 쿠텨눠아디 팔조

(ㅅ) 킷시캉 바차

암호를 풀어 보세요.

회당장의 집에서 한
사람이 오더니 더 이상
예수님을 괴롭게 할
필요가 없다고 했습니다.

**누구의 죽음을
전했을까요?**

회당장 ㅇㅇㄹ가
예수님을 찾아와
간곡히 청했습니다.

**예수님을 찾아온 그의
이름은 무엇인가요?**

예수님의
말씀을 들은 사람들은
비웃었습니다.

**사람들은 왜 예수님을
비웃었을까요?**

예수님께서 사람들이
울며 통곡하며 떠드는
것을 보셨습니다.

**사람들은 왜 울며
통곡했을까요?**

예수님께서 제자 ㅂㄷㄹ,
ㅇㄱㅂ, ㅇㅎ을 데리고
회당장의 집에
이르렀습니다.

**ㅂㄷㄹ, ㅇㄱㅂ,
ㅇㅎ은 누구일까요?**

예수님의 말씀에
소녀가 곧바로 일어나
걸어다녔습니다.

**이때 소녀는
몇 살이었을까요?**

예수님께서
아이의 손을 잡고
말씀하셨습니다.

**예수님은 뭐라고
말씀하셨을까요?**

"ㄷㄹㄷㄱ"

2단원 3과 • 21쪽

풀칠

풀칠

풀칠

풀칠

풀칠

풀칠 풀칠

풀칠
풀칠
풀칠

2단원 4과 • 23쪽

—·—·— 산접기

--------- 계곡접기

3단원 3과 • 29쪽

풀칠

풀칠

▲ 붙이는 곳

■ 붙이는 곳

3단원 4과 • 30쪽

3단원 4과 • 31쪽

다
양
소
각
윗
의
나

4단원 1과 • 33쪽

4단원 2과 • 35쪽

요시야 왕의 개혁

열왕기하 22장 8절

열왕기하 22장 10절

열왕기하 23장 2절

왕하 23장 4절

왕하 23장 23절

붙이는 곳

풀칠

붙이는 곳

풀칠

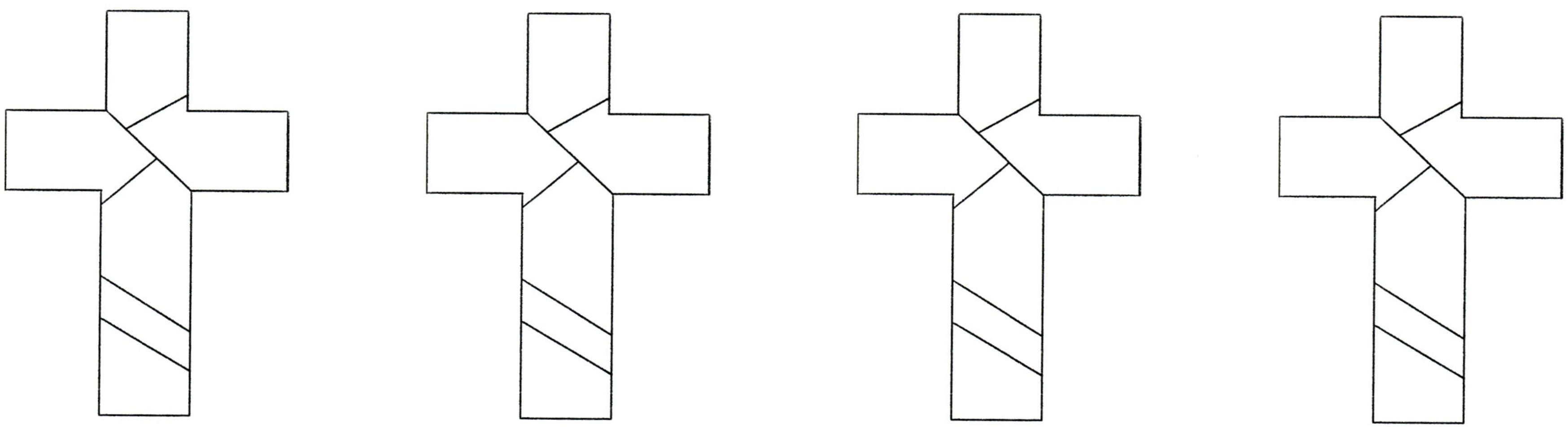

4단원 3과 • 36쪽

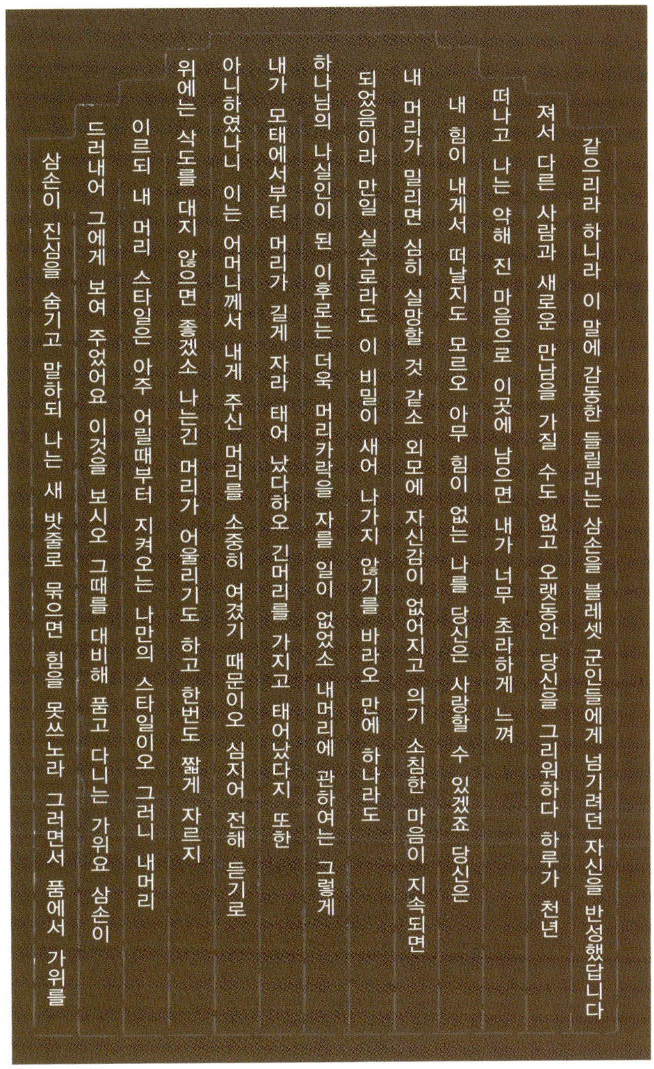
삼손이 진심을 숨기고 말하되 나는 새 밧줄로 묶으면 힘을 못쓰노라 그러면서 품에서 가위를
드러내어 그에게 보여 주었어요 이것을 보시오 그때를 대비해 품고 다니는 가위요 삼손이
이르되 내 머리 스타일은 아주 어릴때부터 지켜오는 나만의 스타일이오 그러니 내머리
위에는 삭도를 대지 않으면 좋겠소 나는긴 머리가 어울리기도 하고 한번도 짧게 자르지
아니하였나니 이는 어머니께서 내게 주신 머리를 소중히 여겼기 때문이오 심지어 전해 듣기로
내가 모태에서부터 머리가 길게 자라 태어 났다하오 긴머리를 가지고 태어났다지 또한
하나님의 나실인이 된 이후로는 더욱 머리카락을 자를 일이 없었소 내머리에 관하여는 그렇게
되었음이라 만일 실수로라도 이 비밀이 새어 나가지 않기를 바라오 만에 하나라도
내 머리가 밀리면 심히 실망할 것 같소 외모에 자신감이 없어지고 의기 소침한 마음이 지속되면
내 힘이 내게서 떠날지도 모르오 아무 힘이 없는 나를 당신은 사랑할 수 있겠죠 당신은
떠나고 나는 약해 진 마음으로 이곳에 남으면 내가 너무 초라하게 느껴
져서 다른 사람과 새로운 만남을 가질 수도 없고 오랫동안 당신을 그리워하다 하루가 천년
같으리라 하니라 이 말에 감동한 들릴라는 삼손을 블레셋 군인들에게 넘기려던 자신을 반성했답니다

4단원 3과 • 37쪽

풀칠

빨대 붙이는 곳

4단원 4과 • 39쪽

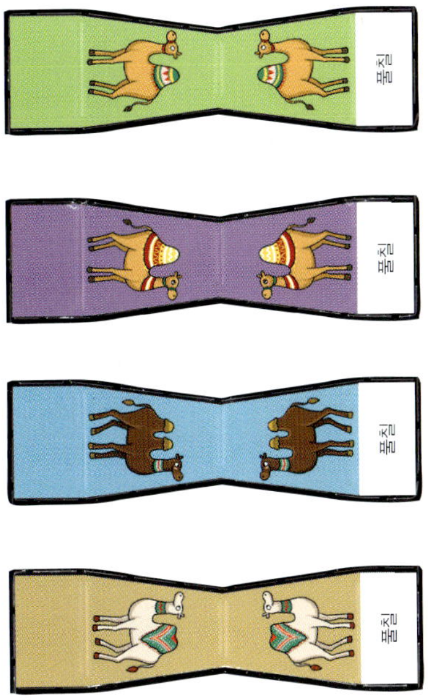

5단원 1과 • 41쪽

5단원 1과 • 41쪽

5단원 2과 • 43쪽

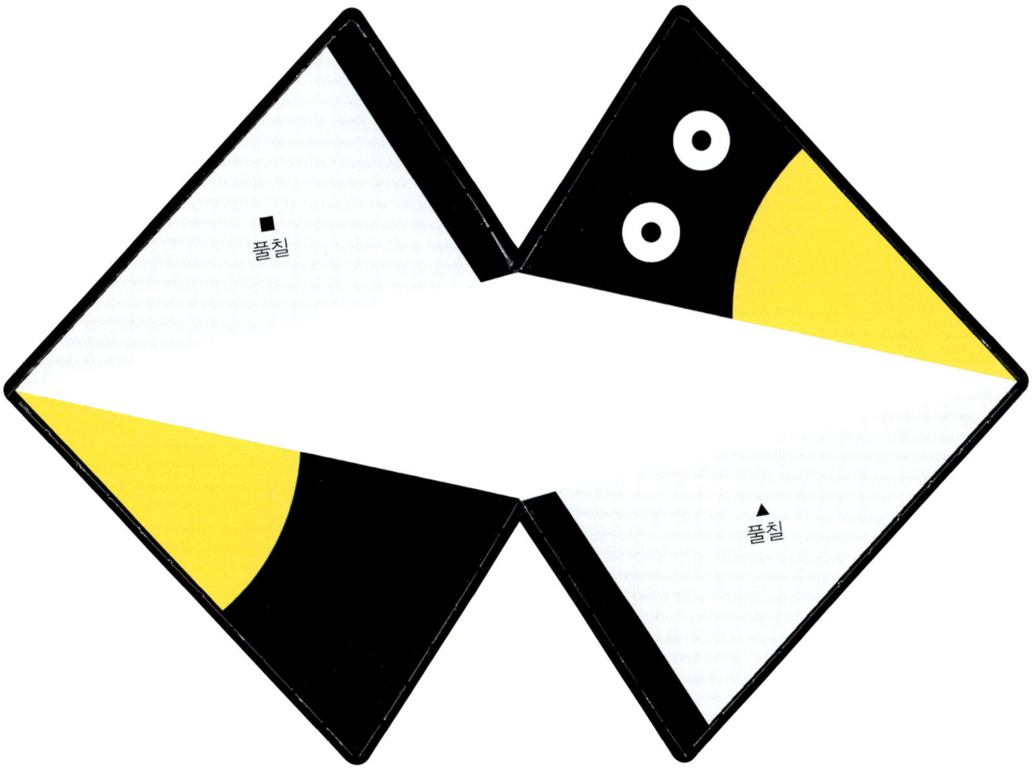

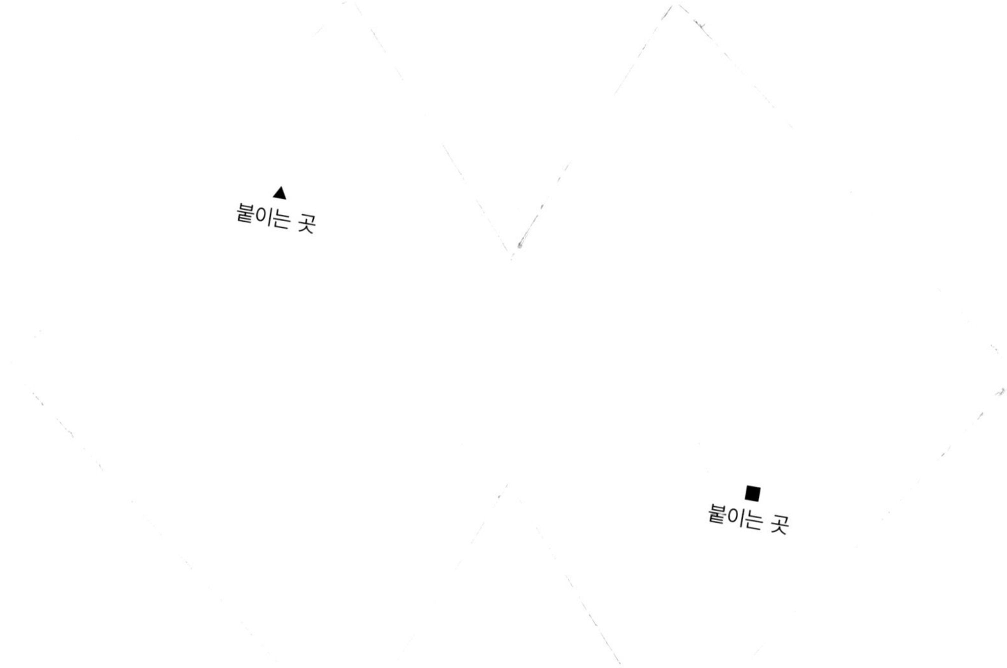
▲
붙이는 곳
■
붙이는 곳

5단원 3과 • 44쪽

5단원 3과 • 45쪽

5단원 4과 • 47쪽

나의 기도

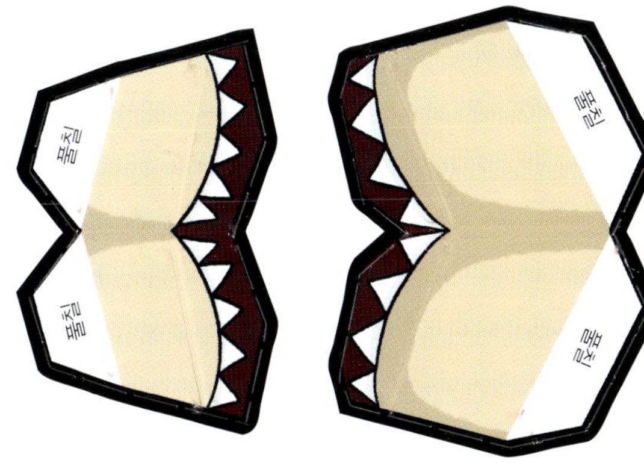

6단원 2과 • 51쪽

숙
에

❶ ㅔ

❷ ㅜ

❶ ㅁ

❷ ㅏ

❸ ㅜ

❹ ㄹ

❶ 그

❷ ㅣ

❸ ㅡ

❹ ㅗ

구원할 자	죄에서
우리와	하나님이
계시다	함께
나의	그분이
이시다	구원자

만들기 1

1-3

1-3

1-4

1-2

1-3

1-3

풀칠하는 곳

붙이는 곳

계곡접기

산접기

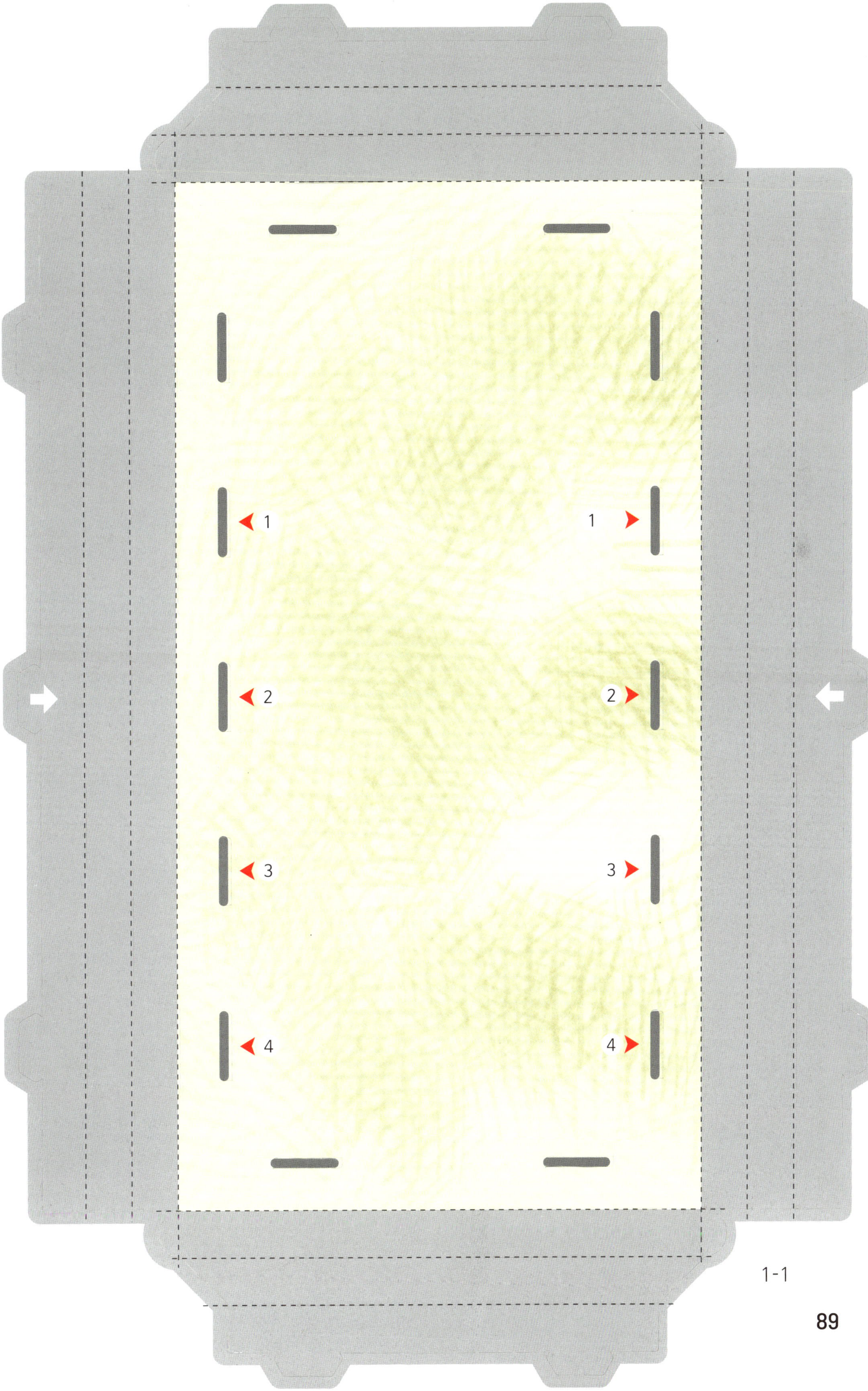

1-1

빌립보서 2장 4절

만들기 2

2-5

2-4

2-3

2-7

2-6

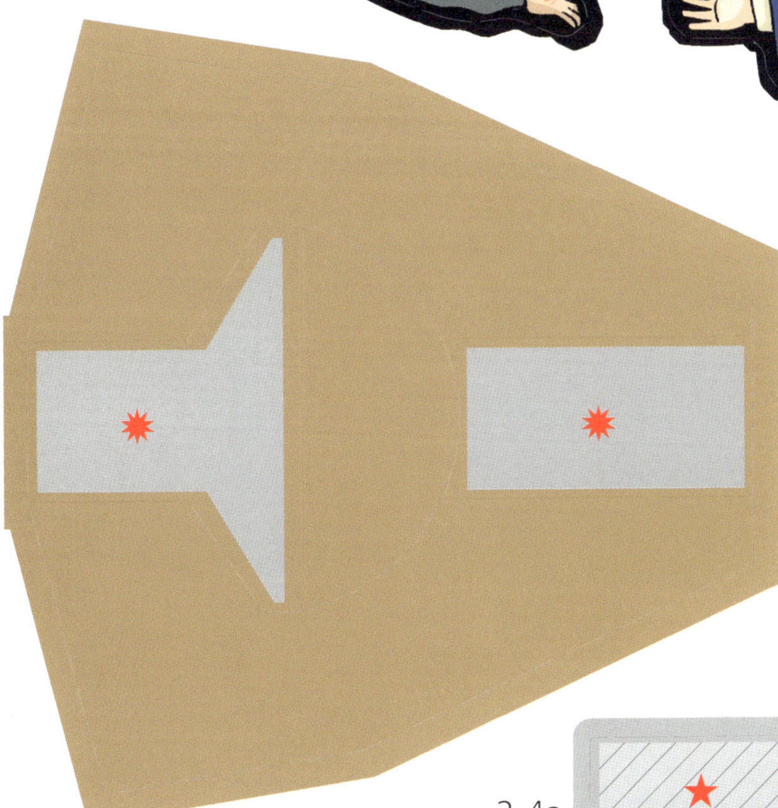

2-2

풀칠하는 곳

붙이는 곳

계곡접기

산접기

2-8

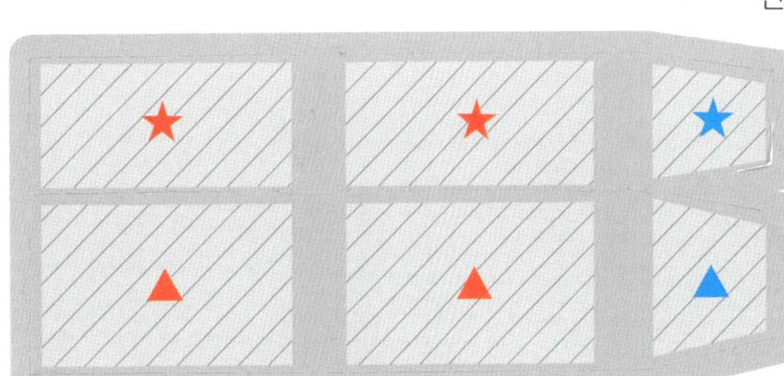

2-4a

2-5a

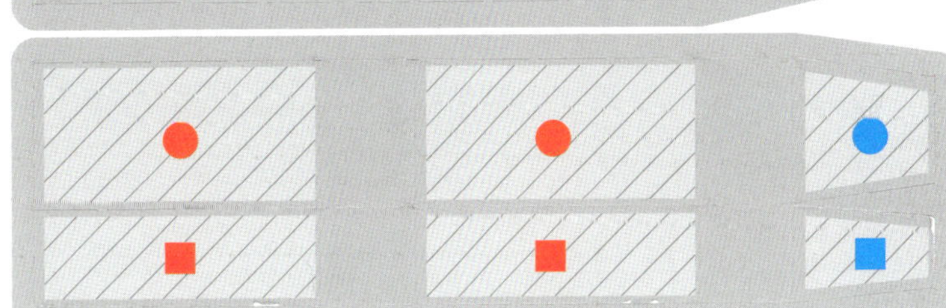

2-6a

2-7a

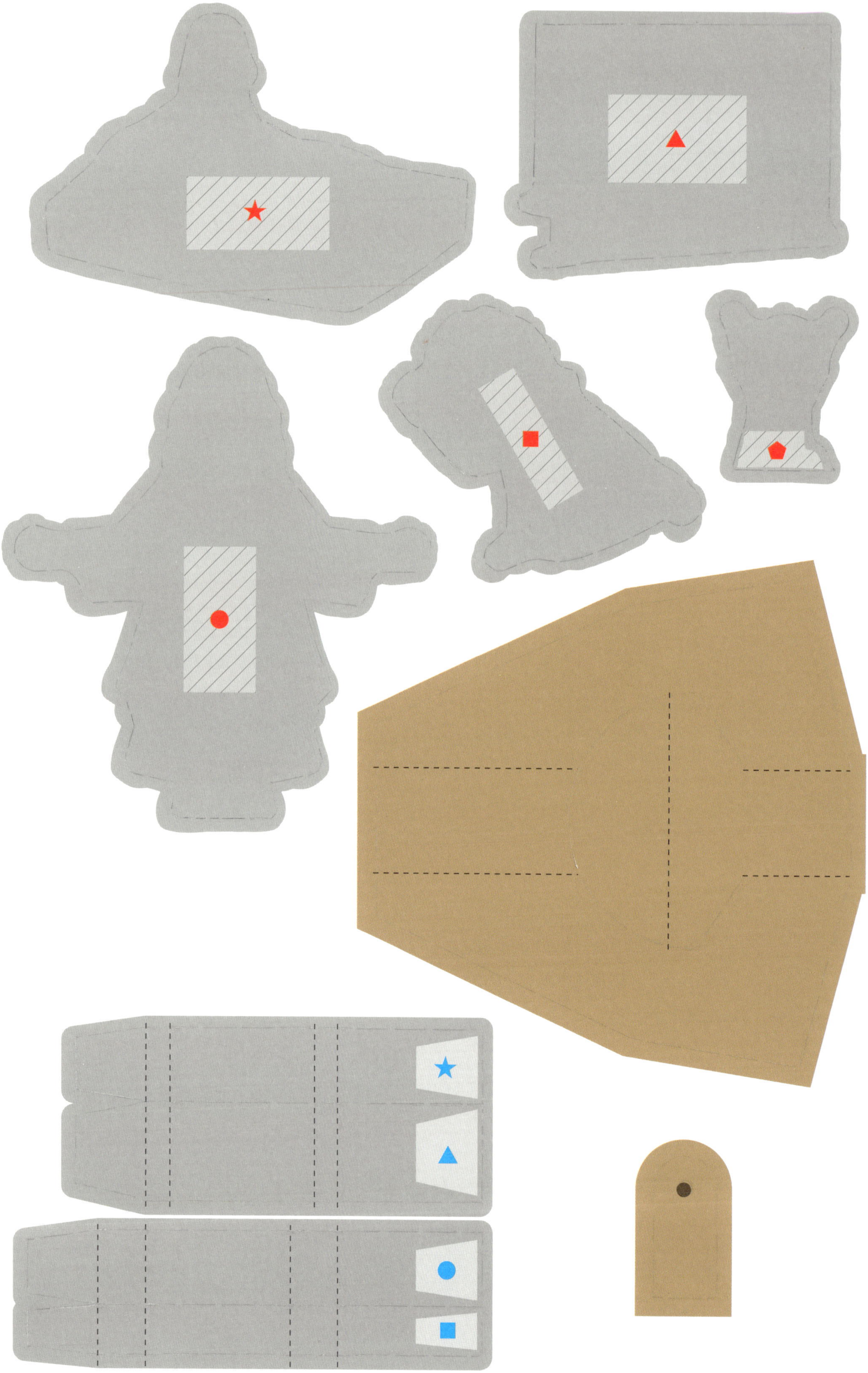

2-1

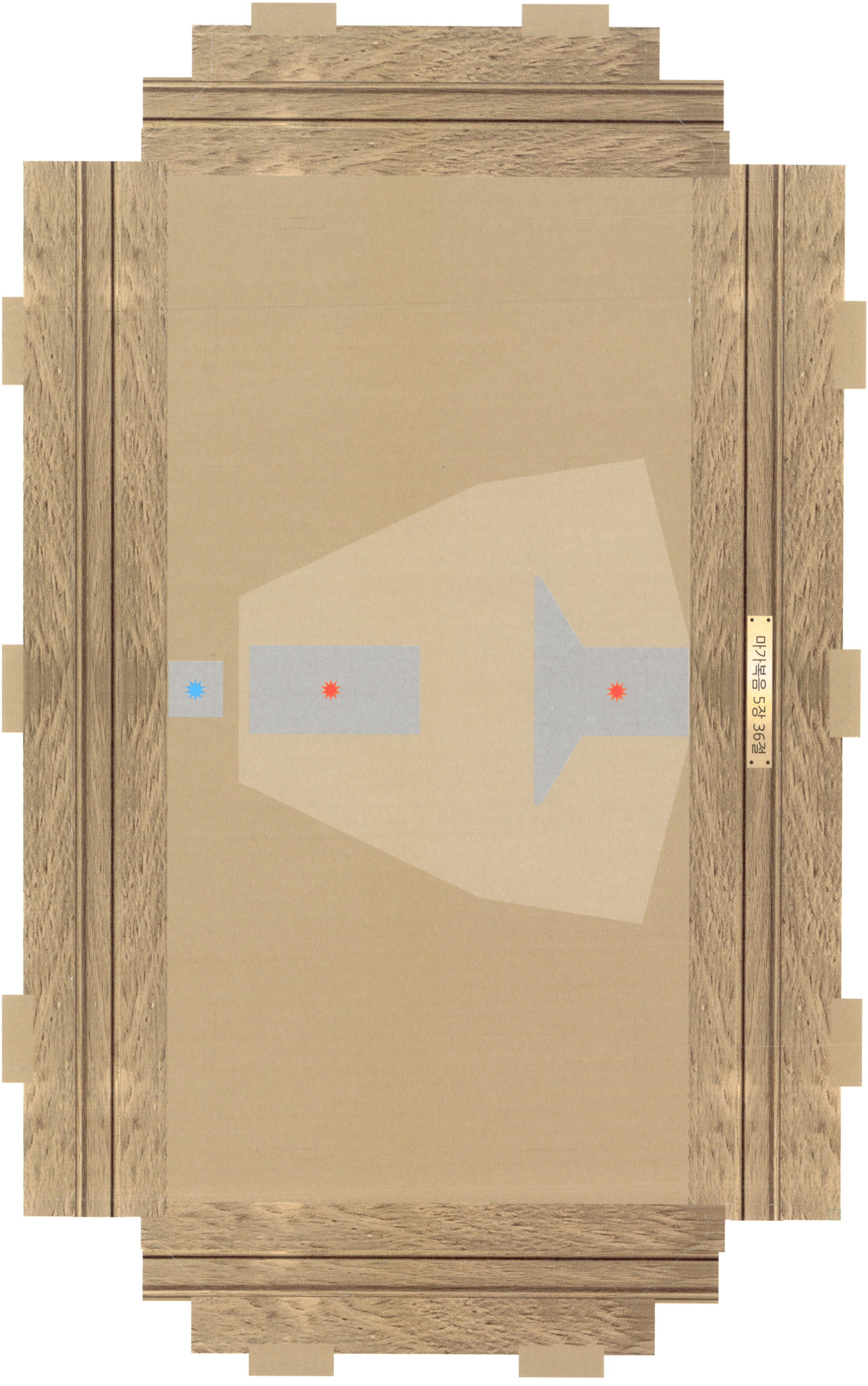
마가복음 5장 36절

만들기 3

풀칠하는 곳

붙이는 곳

계곡접기

산접기

3-3

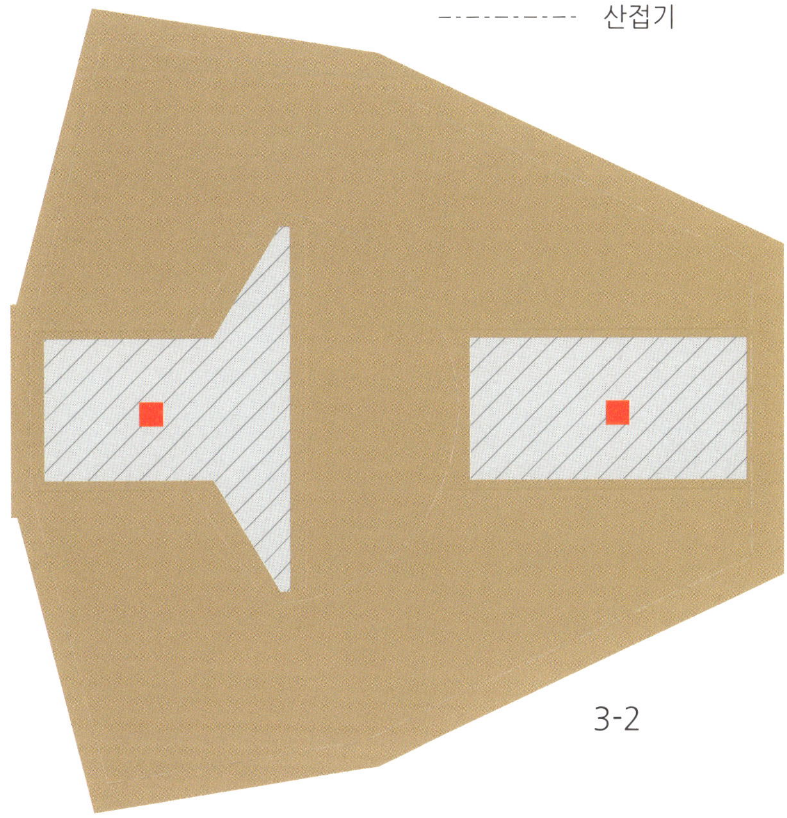

3-2

3-5

3-4

3-6

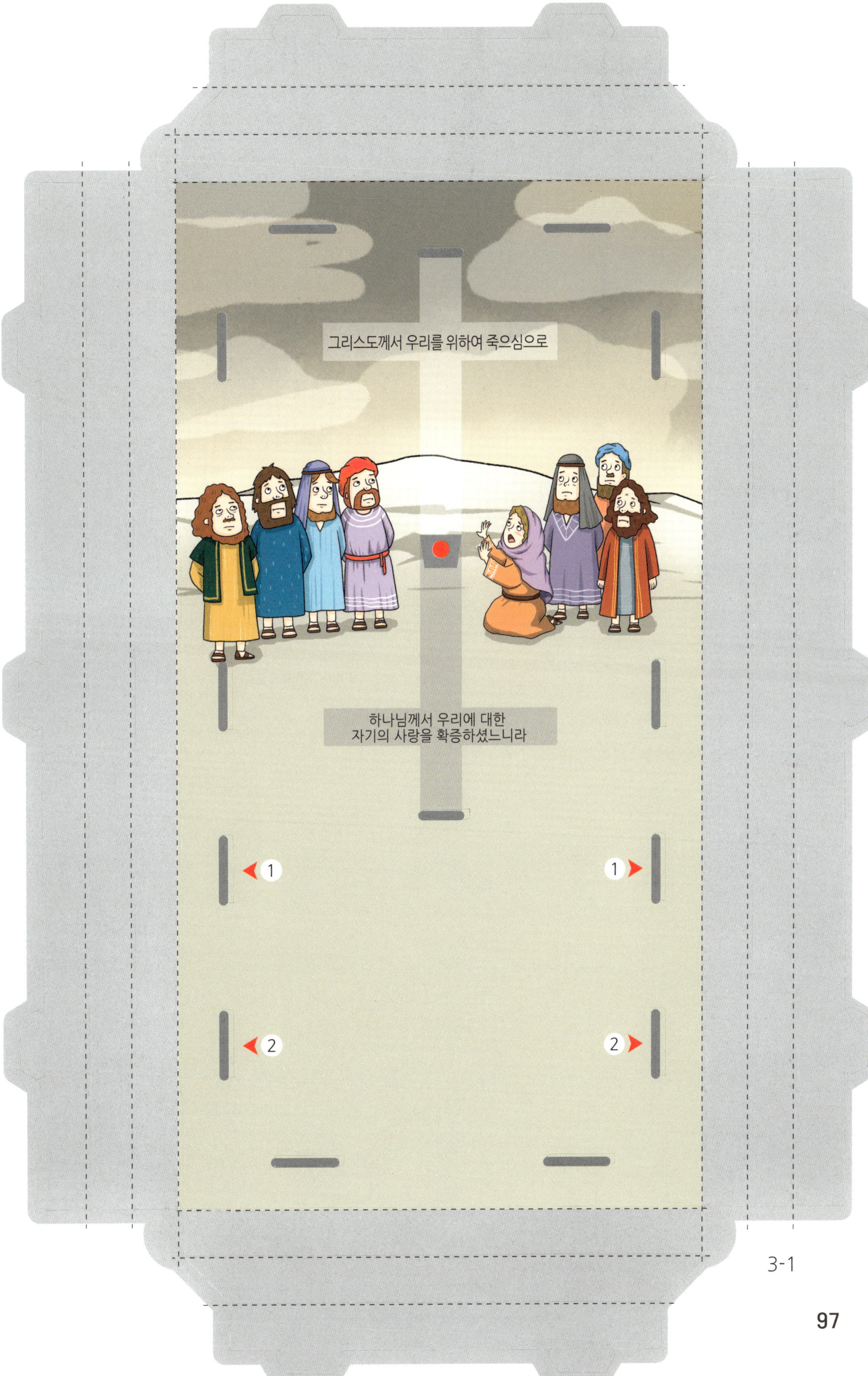

3-1

로마서 5장 8절

풀칠하는 곳

붙이는 곳

계곡접기

산접기

4-3

4-9

만들기 4

4-5

4-2

4-6

4-8

4-7

4-4

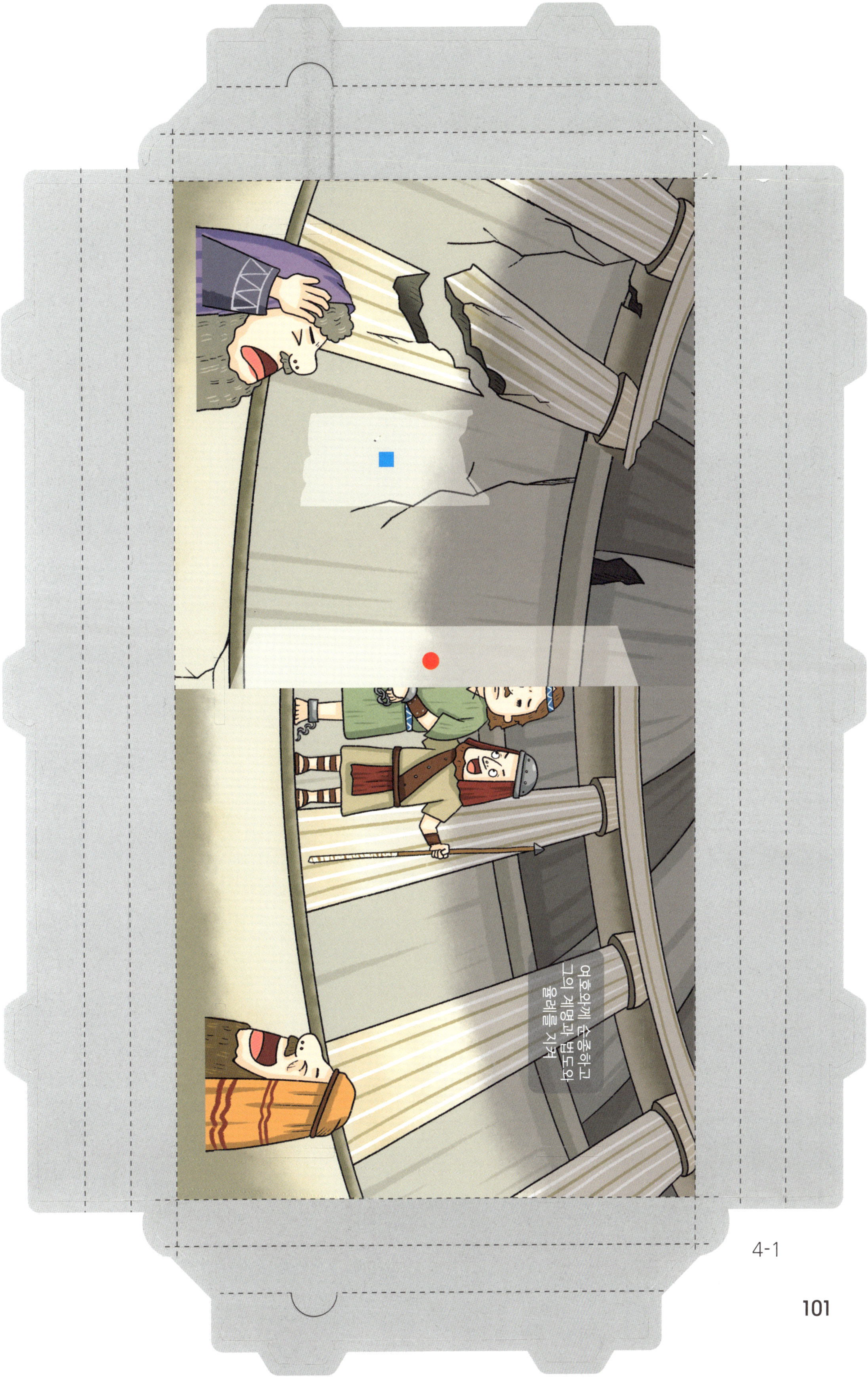

4-1

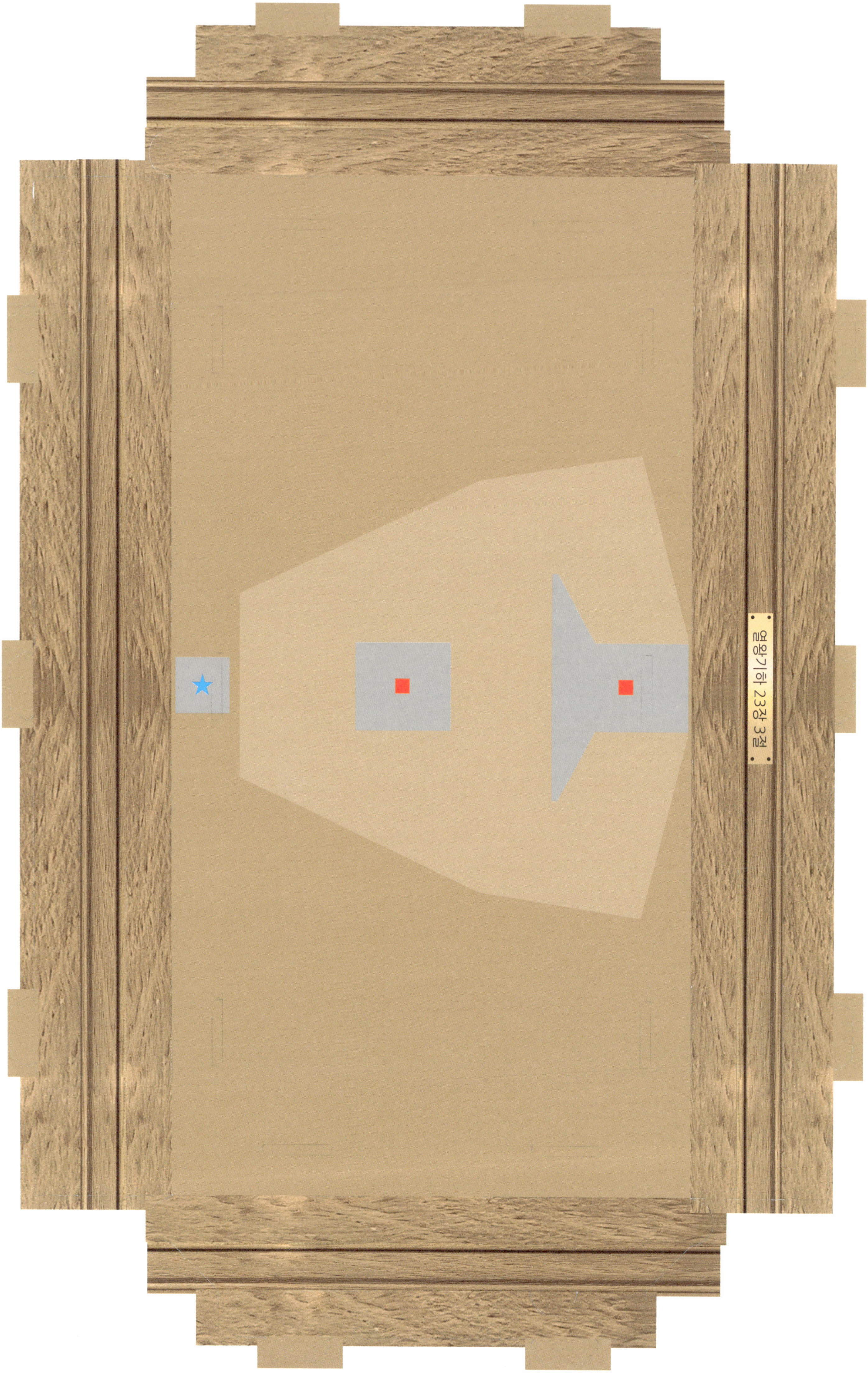
열왕기하 23장 3절

5-3a
5-4a
만들기
5
5-6
5-7
5-2
5-5
5-4
5-3

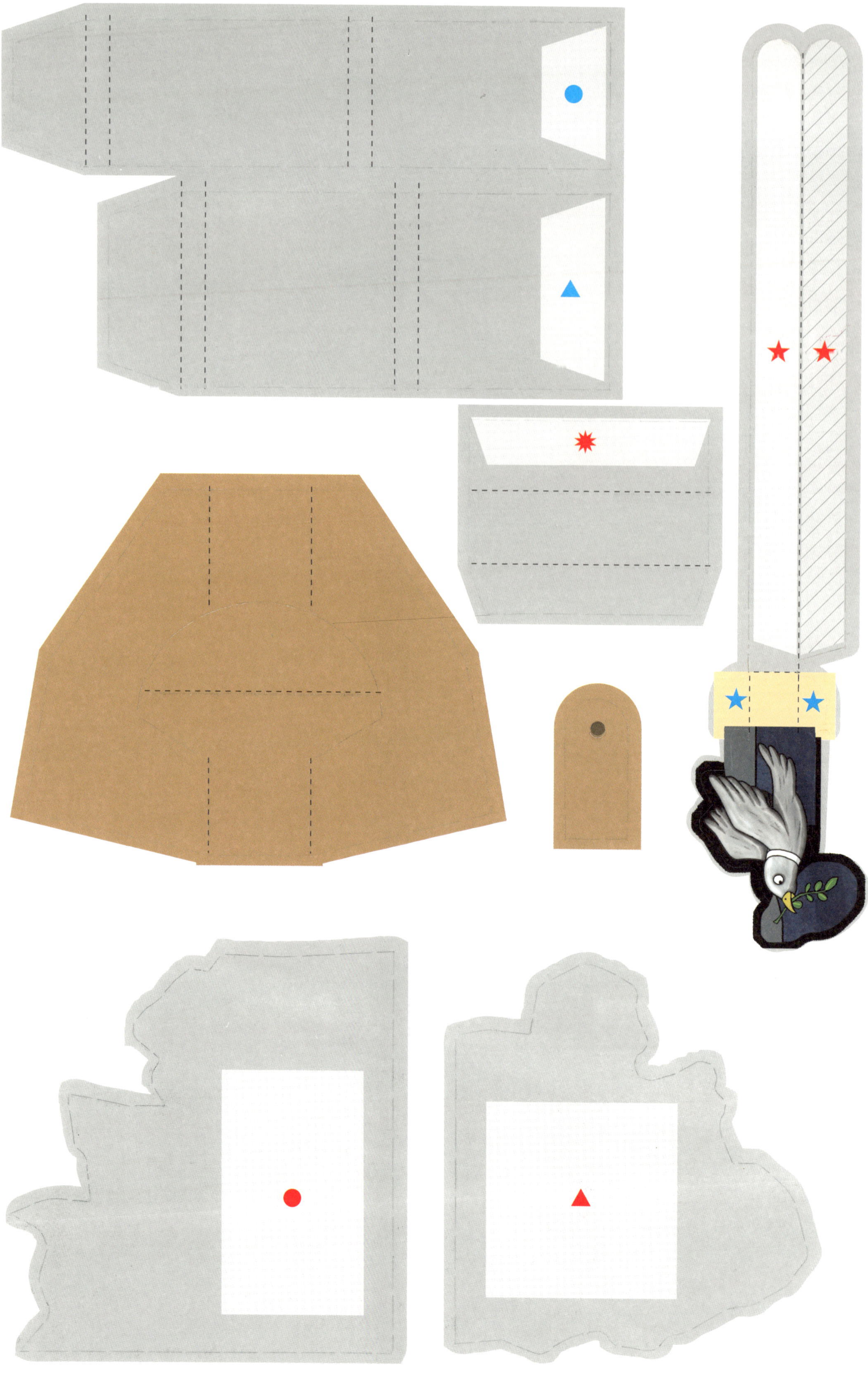

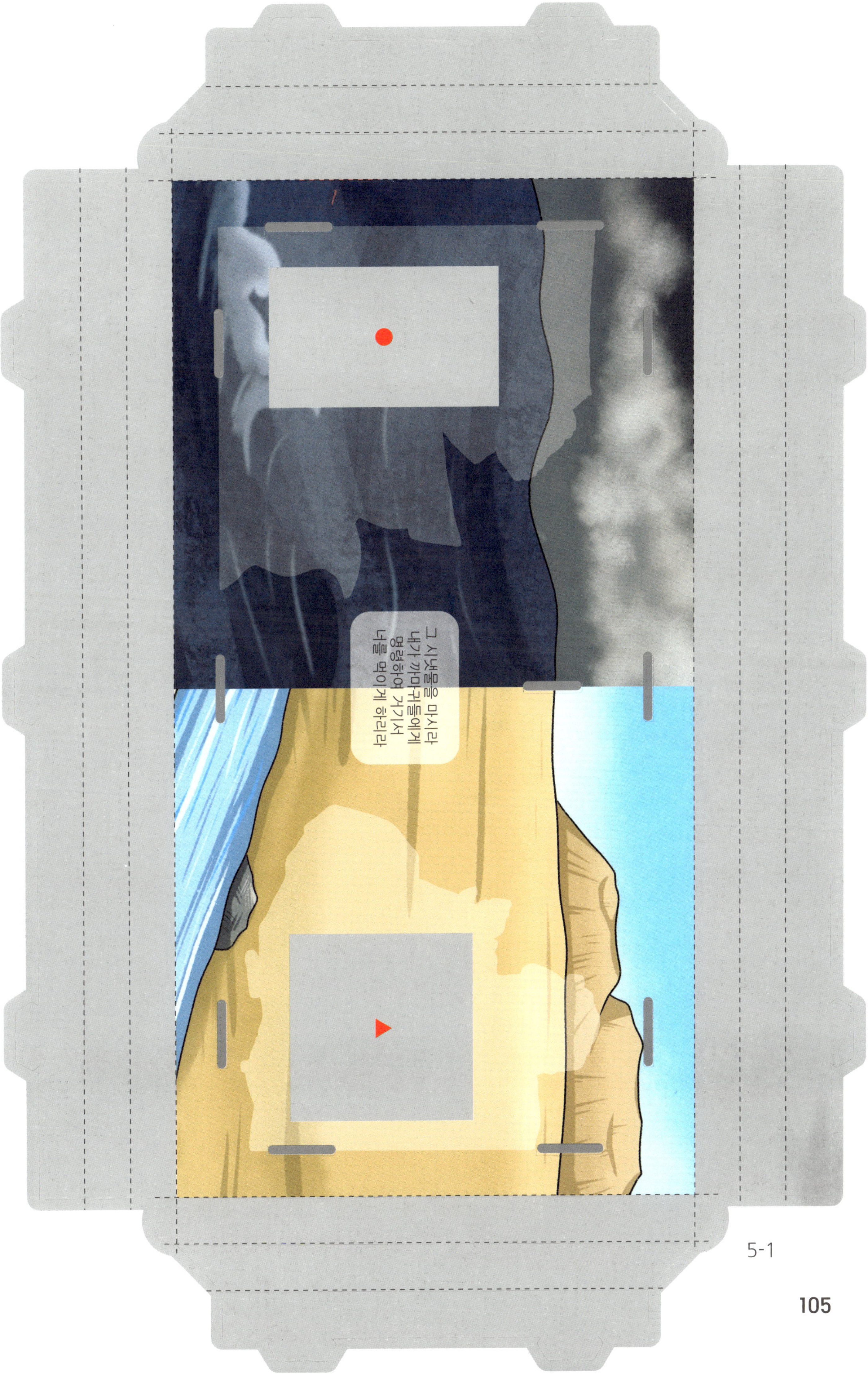

5-1

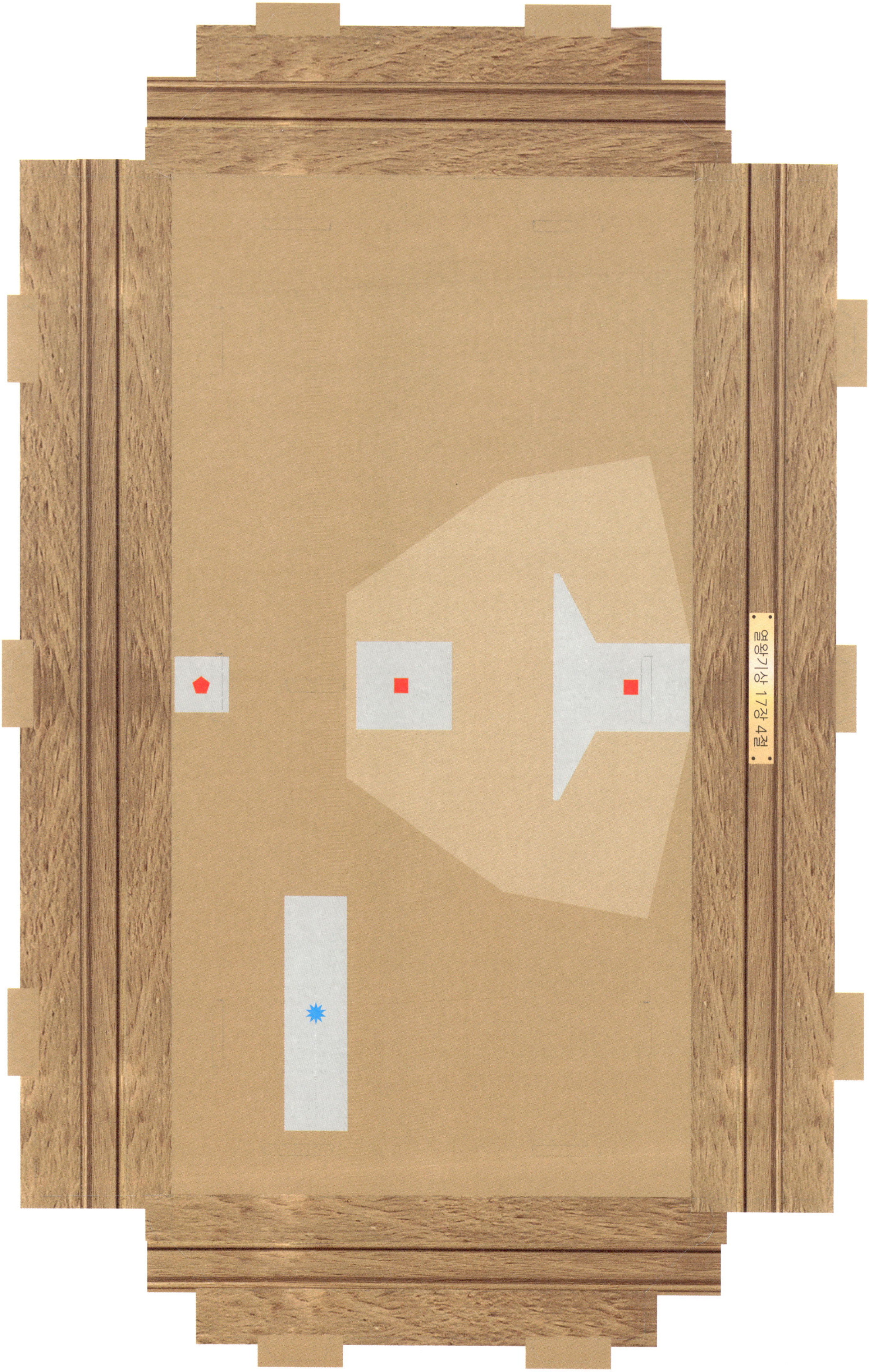
열왕기상 17장 4절

만들기 6

6-3

6-3

6-3

그리스도
임마누엘

6-5

이스라엘

6-5

베드로

6-5

아브라함

6-5

6-3

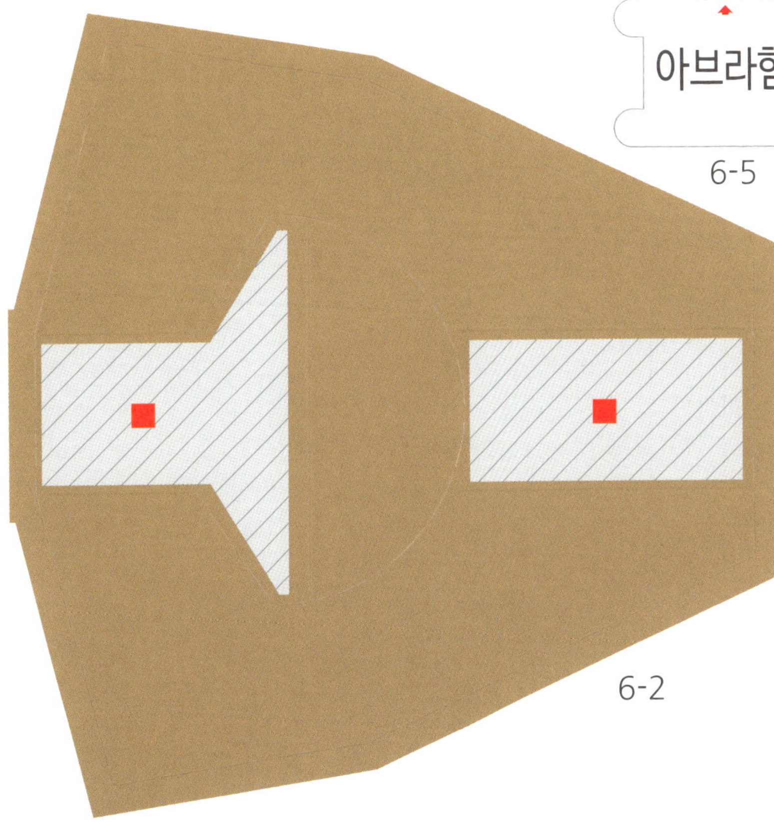

6-2

6-6

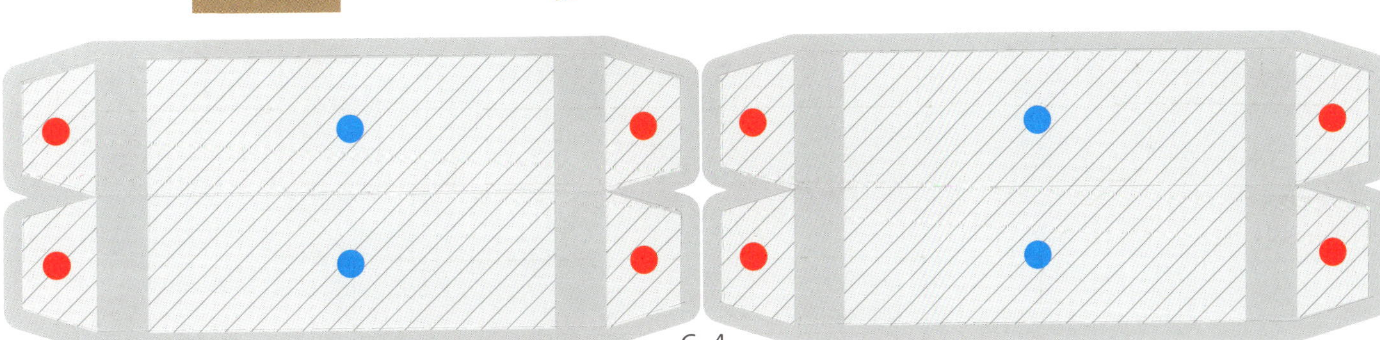

6-4

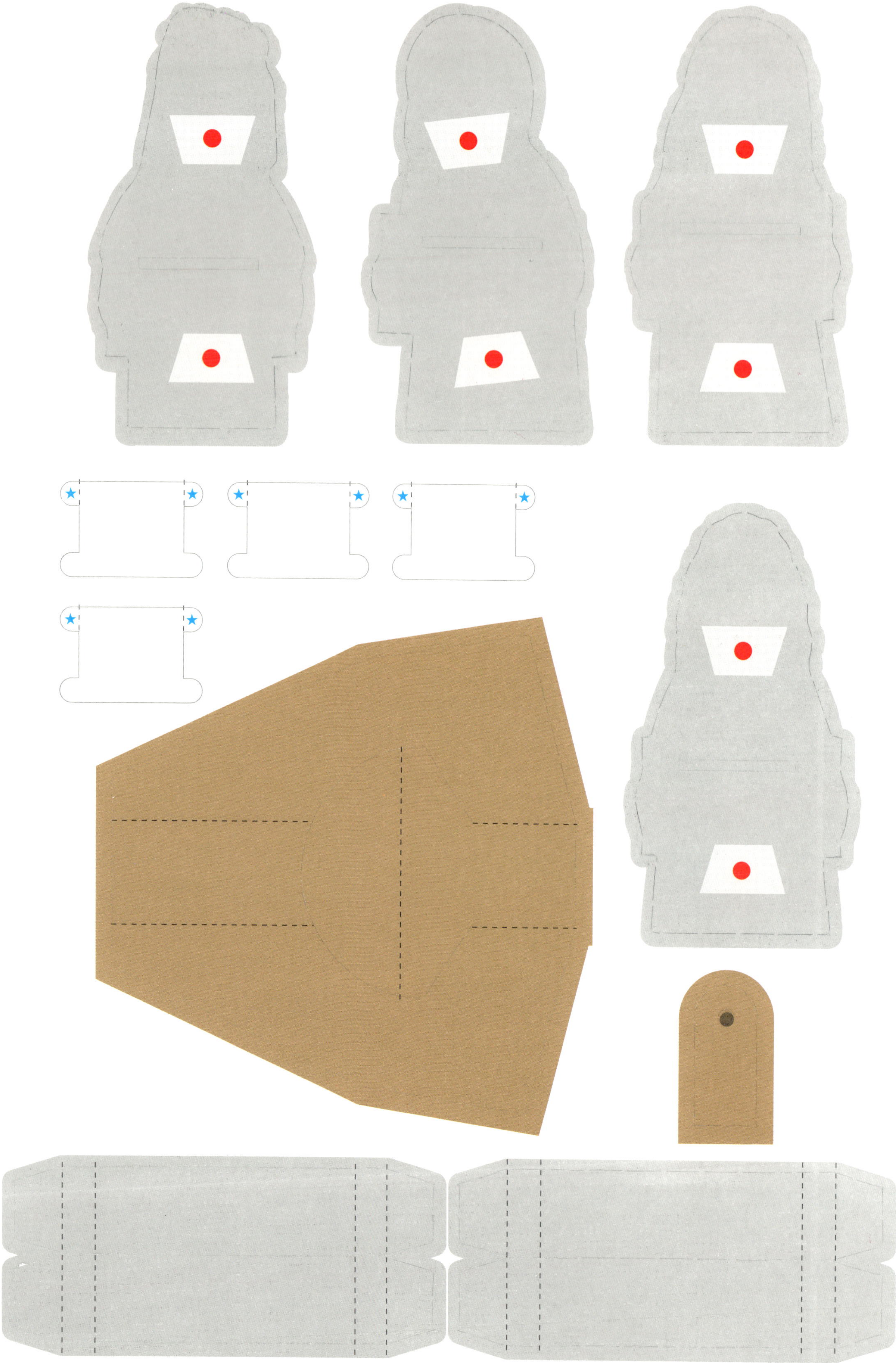

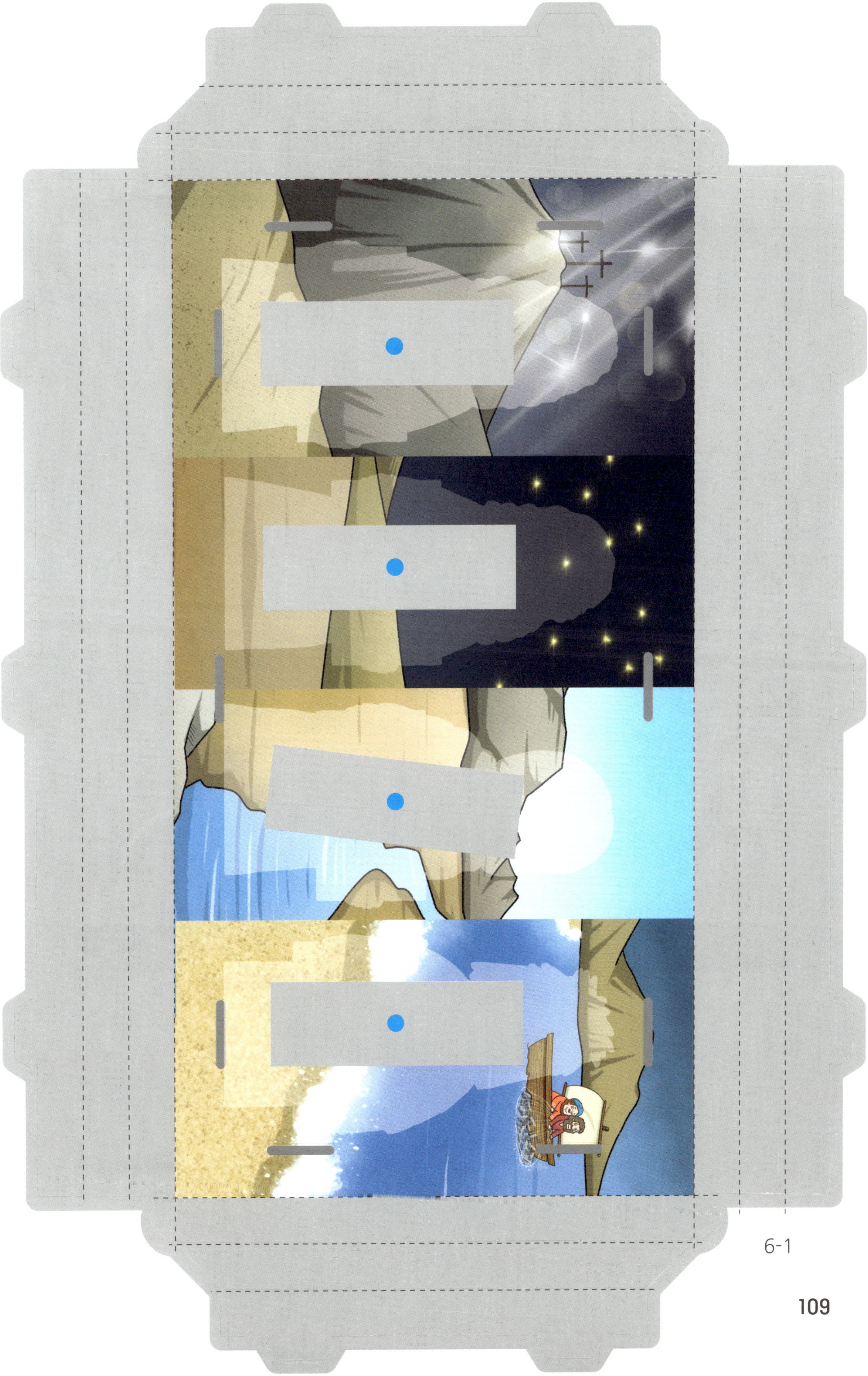

6-1

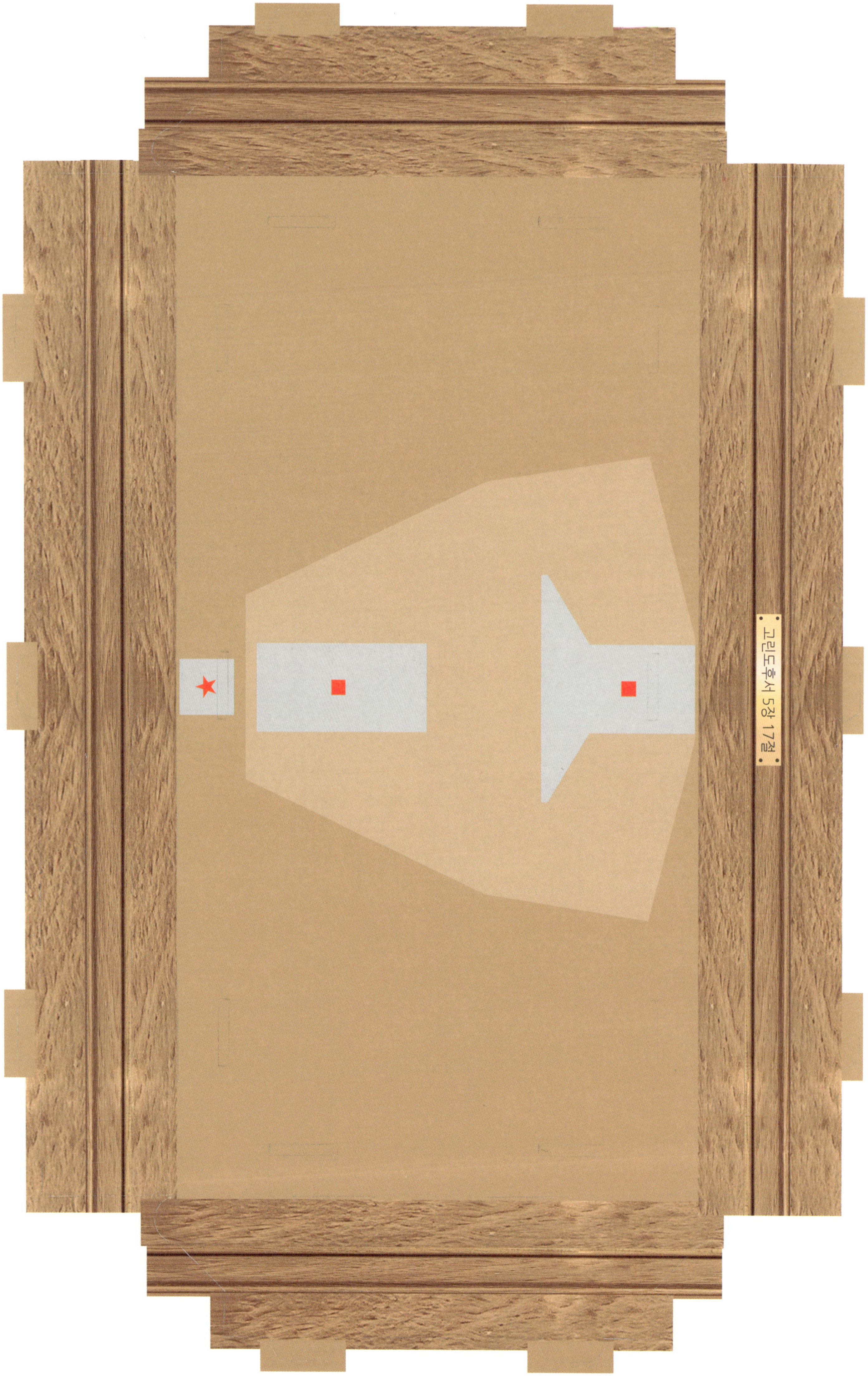
고린도후서 5장 17절

부활주일 • 4쪽

1단원 2과 • 11쪽

3단원 1과 • 11쪽

3단원 3과 • 29쪽

6단원 2과 • 51쪽

만들기 부록 스티커

다윗 & 후새

마리아 & 엘리사벳

모세 & 이드로

바울 & 디모데